汪炜杰 / 主编

# 成己成物：

一位中学校长的文化行走

世界图书出版公司

图书在版编目（CIP）数据

中国教育领航 . 第二辑 / 严华银主编 . –– 北京：
世界图书出版公司，2021.8
ISBN 978-7-5192-8643-9

Ⅰ . ①中… Ⅱ . ①严… Ⅲ . ①教育—研究—中国
Ⅳ . ① G52

中国版本图书馆 CIP 数据核字 (2021) 第 103693 号

| | |
|---|---|
| 书　　　名 | 中国教育领航 . 第二辑 |
| （汉语拼音） | ZHONGGUO JIAOYU LINGHANG.DI-ER JI |
| 主　　　编 | 严华银 |
| 总　策　划 | 吴　迪 |
| 责 任 编 辑 | 王林萍 |
| 装 帧 设 计 | 包　莹 |
| 出 版 发 行 | 世界图书出版公司长春有限公司 |
| 地　　　址 | 吉林省长春市春城大街 789 号 |
| 邮　　　编 | 130062 |
| 电　　　话 | 0431-86805551（发行）　　0431-86805562（编辑） |
| 网　　　址 | http：//www.wpcdb.com.cn |
| 邮　　　箱 | DBSJ@163.com |
| 经　　　销 | 各地新华书店 |
| 印　　　刷 | 保定市铭泰印刷有限公司 |
| 开　　　本 | 787 mm×1092 mm　1/16 |
| 印　　　张 | 127.25 |
| 字　　　数 | 2 222 千字 |
| 印　　　数 | 1—5 000 |
| 版　　　次 | 2021 年 8 月第 1 版　　2021 年 8 月第 1 次印刷 |
| 国 际 书 号 | ISBN 978-7-5192-8643-9 |
| 定　　　价 | 880.00 元（全 10 册） |

# 丛书编委会

主　　　任：王仁雷

主　　　编：季春梅

副　主　编：回俊松

编委成员：季春梅　回俊松　严华银

策　划　人：严华银

# 本书编者

编　　　者：汪炜杰

# 其言不立，何以成"家"

## ——教育家型校长思想生成之道

当我们把教育家型校长的发展目标定位在"立功立德立言"的高度，且将"立言"作为其发展的至高境界时，在教育家型校长成长与培养的过程中，发展主体和培养主体都会全力关注：如何培育教育家型校长的教育思想？如何帮助校长凝练教育思想？而最无法绕过的问题则是，我们今天究竟需要怎样的教育思想？

改革开放后，中国教育经历过短暂的辉煌后，忽然在商业化、市场化的大潮中受到强烈冲击，很快，外延扩张式发展与内涵跟进不及发生矛盾冲突，直至今天，以分数为评判标准的应试升学的热情从来就高烧不止。课程改革、核心素养改革，一场又一场倡导素质教育、立德树人的改革，尽管取得了令人瞩目的成绩，为我国几十年的经济、社会事业发展提供了强有力的人才支持，但我们也不能不看到，整体上，青少年的道德素养、综合能力、创新精神的培养还有明显不足，在一流杰出科技人才队伍的打造方面，还存在很多困难。从最近几年出现的问题看，人才品质问题、高品质人才教育问题，可能是影响和制约中国未来发展的至关重要的问题。

教育的问题当然不仅仅是教育本身的问题。但作为教育人，也还是要较多地考虑从教育本身来着手解决教育问题。参与了两届国家层面的教育家型校长培养工程，走进这些校长的内心和他们所在的学校，了解他们成长和发展的历程，我们最为深切的体会就是，校长、学校、教育的根本问题，一定是教育思想、教育价值观问题。尤其是校长，假如我们仍然认可有什么样的校长，就有什么样的学校，那么我们就可以说，有什么样的教育价值观，就有什么样的校长。从这一角度看，研究近几十年来的教育，研究教育的问题，首先必须关注教育思想和价值观的问题。

最近这几十年间，我们究竟有什么样的教育思想和价值观呢？比如说，我们有"为学生一生的幸福奠基"的"奠基说"，有"坚守儿童立场"的"立场说"，还有"没有教不好的学生，只有不会教的老师""办孩子喜欢的学校""教育就是服务""让学生永远站在课堂的中央"等一系列被某些人认为富有创意、极为宏大甚至伟大的教育观点和追求。但这些从某一角度和维度看非常正确的教育思想，联系教育方针确定的培养目标、学校教育和学生发展的实际，联系近年来教育和社会出现的种种问题，就会发现其中的偏执和矛盾，就会发现其给具体实行教

育的学校管理者和教育者带来的问题不可小觑。一国教育的终
极目标，是不是仅仅就为着生命个体一己之幸福，还要不要对
家庭、家乡和家国的关怀和奉献？过分强化一己之幸福，无限
滋长个人和利己主义倾向，与现实中许多社会问题的集中出现
有没有某些关联呢？教育的意义在于引领成长，片面强调学生
单向的"喜欢"，片面强调"儿童立场"，那教师、学校和教
育的立场还有没有、要不要呢？如果没有和不要，那孩子是不
是就可以野蛮生长，或者永远停留在儿童时代呢？一味地强调
学生的可塑性，否定教育的复杂性，将教师置于无可再退的墙角，
将教育和学校的责任增至"无限"，意义何在呢？原本教师主
导、学生主体的非常正常的课堂关系，一句浪漫主义的文学夸
张，让教师们不能不愕然：课堂里，学生站在"中央"，那我"站
着"还是"坐着"，又在哪里是好呢？许多年来，有这样一种
观点，凡不管用什么方法、怎样的表达，只要是为学生讲话，
再怎样过分地讲话，从来都是正确的，一片叫好并跟风；相反，
为教师讲话，讲传统和传统教育，讲孔孟、《学记》，讲朱熹、
王阳明、陶行知，讲几十年教育中的本土实践、经验，响应者、
问津者似乎寥寥。我们以为，上述种种轻忽教育立场、弱化教
育力量、虚化教师地位、教育理念表达"文学化"的现象，与"教
育领域中某些教育者唯西方是从，漠视国情、漠视教育传统，

轻视甚或蔑视本土实践和本土经验的教育研究风气"紧密相关。于是，这些人要么把教育做成了西方教育哲学的跑马场，言必称建构主义，到处必说佐藤学；要么就是信口开河，语不惊人死不休，把原本属于科学的教育，几乎化作了浪漫想象、天马行空的"文学"。

今天，中国教育"转型"发展，"高品质学校"建设任重道远，尤其需要成千上万的教育家型校长突破现实某些教育思想和教育实践的误区，努力建构自己的卓越的教育思想，"领航"千千万万学校，"领航"区域教育，"领航"中国教育，解"唯分"困局，破"应试"冰山，实现党中央、国务院提出的完善"德智体美劳全面培养体系"，健全"立德树人落实机制"的改革目标。

何为教育思想？教育思想本不神秘，并不像某些人理解的那样高深莫测。它实际所指就是办学思想，即校长对于教育的认识、理解、见解、主张、理念、观点，在具体的办学实践中的执行和落实，或者说是从学校的教育教学和管理行为中梳理总结出来的教育理念和思想。它包括教育观、课程观、教学观、教师观、学生观等。这为任何一所学校任何一个校长所具有。

但从上述分析可知，由于种种因素，不同学校、不同校长，其教育思想又有高下之别。真正卓越的教育思想，一定是共性与个性的统一，一般与特殊的统一，坚守与开放的统一。真正优秀的教育思想，一定是切近人性，尊重科学，符合规律的；真正优秀的教育思想，一定是指向道德，关乎人格，追求情怀的；真正优秀的教育思想，也一定是基于本土，博采他山之石，合于教育价值的。

据此，我们来研究教育家型校长卓越的教育思想的建构问题。

第一，崇高道德必须成为教育思想的内核。让"社会主义事业的建设者和接班人"与"立德树人"的方针、目标和价值观落地，就必须旗帜鲜明、大张旗鼓地弘扬人格与道德、情怀与境界的教育追求。以善良诚厚为本，不断锤炼个性、意志、品格，正确处理好己与人、私与公、个体与群体的关系。传承中华传统，见贤思齐，修身齐家，奉献祖国，达成个人价值和民族伟大复兴的统一。美国普林斯顿大学以"普林斯顿——为了给国家服务"为校训；清华大学以"厚德载物，自强不息"为校训；南开大学以"允公允能，日新月异"为校训；江苏省锡山高中以"做站直了的中国人"为校训，可以说，这些都是办学主体对于教育本质的精准理解和把握。将教育思想的内核由过于偏重个体、个性和个人的幸福的"小我"追求，"转型"至对于家乡、家国、民族的大爱与奉献，达成个人价值与民族复兴统一的"大爱"情怀，既是时代发展的迫切需要，也是社会主义核心价值观的体现，更是教育的根本意义和价值所在。而这一问题的解决，需要校长们站位高远，秉持理想，需要校长们全神贯注、全力以赴。

第二，建构教育思想迫切需要校长们思维理性的修炼和提升。教育思想的重要特点是富于个性，是校长在教育教学实践和办学实践中基于教育的个性化理解而逐渐成熟的办学理想和育人理想，但任何教育思想又必须契合国家主流的教育价值观。个性与共性的统一可以说是教育思想确立的基本原则。教育思想是关于教育问题的本质表达，所以需要拨开云雾，不被表象所迷惑。就育人而言，道德、人格、思维、理性、创新都应是其不可或缺的元素。不仅如此，在凝练教育思想的过程中，还得借助辩证思维、逻辑思维等，处理好传统与现代、人文与科学、传承与创新、借鉴与坚守、专家引领与自主建构的关系。

第三，教育思想的成熟，从来都伴随实践，且伴随实践反思。教育思想首先是优秀校长的，是优秀校长在办学实践中逐渐形成的。办学和教育实践是教育思想之根。从实践之根出发，长出教育之参天大树，并最终凝结为思想之果。这一浩大工程、漫长过程，伴随的是实践主体——校长的不断修剪、打理、矫正和选择，也就是说，反思、改进、践行、循环往复，追求最好，走向更好，是教育家型校长教育思想成熟的必由之路。福建三明学院附小林启福校长带领学校教师，借助专业支持，经过十余年艰苦探索，从"幸福教育"走向"福泽教育"。本期领航校长，宁夏银川金凤三小王晓川校长，在领航专家团队的启发引领下，将原本"说学"并重的教育理念，逐渐明晰为"说以成理，学而至善"，直抵教育本质，实现了教育思想的一次蜕变，正是其实践反思、理性辨正的成果。

第四，教育思想的表达，从来都需要严谨缜密，抓住要害和关键。近年来，在某些区域校长培养过程中，某些校长教育思想的凝练，表现出经院式、标签化、概念性、文学风倾向，助长了办学和教育教学的浮躁、功利和知行不一，这尤其需要教育家型校长通过理性思维，明辨真伪，去粗取精，并最终找到最为科学的表达方式。新疆生产建设兵团华山中学邱成国校长的"才丰似花，德厚如山"理念，海南陵水中学张勇校长的"仁智教育"理念都是十分经典的表达例证，值得借鉴。就教育思想在校园中的呈现而言，育人理念和思想最为根本；就育人文化的呈现而言，校训最为根本。因为学校的价值就在于育人，校长的训词则是对被育对象的严肃训诫和要求，突出呈现这些，就是突出学生主体，就是突出教育的本质。目前，一些区域学校，校园中贪多务全的思想和文化表达，常常淹没了发展主体、教育主旨和核心，其成效适得其反。

教育家型校长，又被称之为领航校长，所谓"家"，"家"在何处？所谓"领航"，究竟引"领"什么？"航"向哪里？至关重要的还是教育思想问题。尤其是在今天这样一个价值多元、教育转型的特殊时期，教育家型校长通过卓越的教育思想，发挥其领航价值，推动我国基础教育快速稳步发展，意义十分重大。

丛书编者

2021 年 5 月

## 专家感言

　　三年转眼过，在中国教育改革的热土地——江苏，在教育部名校长领航工程基地之一——江苏省师干训中心，一群教育专家，与一群可以被称之为教育义勇军、先行者的领航校长——教育部第二期名校长领航工程 9 位学员，走过了一段峥嵘、卓越的岁月。

　　他们，阵容并不壮大，少时十数人，多时数十人。问题是，当五湖四海、出类拔萃的校长精英与长三角首屈一指的教育专家一朝相逢，而且一发不可收地亲近、交融，终至于合二为一，成为志同道合的教育"行者"，其生发的聚合和裂变，其结晶的意义和价值，你怎么估量都不为过！

　　曾记 2018 年，北京受命，南京启航，从此，基地精致组织协调；导师沉稳领航引导；学员潜心研学，竭力修正，其教育内涵逐渐丰富、厚重，其学校文化越发凝练、科学。三年中，被"领航"者，又"领航"着各工作室的成员和学校；三年中，基地、导师、学员、学员的学员，还"组合"成"教育志愿军"，一组一组，一次一次，深入大凉山腹部，从昭觉到布拖，让教育的"精准帮扶"生根校园，惠及教师，落地课堂，直抵每个孩子的心底。

就是在这样的"层递领航"中，我们的理念、能力，我们的情怀、境界，我们的思想、经验，经千锤百炼而不断精进；而且，就在这样的行走中，我们"扩容"了"领航"内涵，拓展了教育价值，也升格了人生境界，终于，我们真的可以无愧于"教育家型校长"的称号。

我们还积累了许多教育的感想和哲思，创造了许多美好的邂逅和故事。我们更收获了深厚的友情，沉淀了悠悠的思念。

终于，到 2021 年，在安徽池州，在天津南开，在山东济南历城，三场高端的教育思想研讨会，水到渠成地举行，每一位校长，从个人经历中发现成长，从教育行走中感悟价值，从办学成就中梳理经验。终于，一朵名为教育思想的花儿，经历远远不止十月的孕育，含苞，又顺畅绽放，并被精彩命名，且被专家们洞幽烛微地阐述、"微言大义"地点评，由此，她、她们，名正言顺地盛开在中国教育思想的家园。

这里，我们撷取三年生活的"散点"，轻拂去岁月的"尘封"，从痕迹到线索，从即景到场面，真实描述，定格展示。其意义，除了留存和总结，还期望复苏记忆，活跃联想，让所有的亲历者偶尔或者常常回放、回望或者回味——

因为，不论是谁，一生中又能有多少这样的三年呢？

# 目录

## 成己成物：我们的文化理念

成己成物引领教师成长　　2

"立德树人"的校本化　　9

教育是最好的"立己达人"　　14

变革中的学校教育　　21

未来学校教学系统的构建　　25

发展正是学校文化　　28

校长的道德领导力　　34

## 文以载道：学校的文化成长

以办学理念的转化实现文化引领　　42

文化的传承、守望与浸润　　52

我们的文化从"新"出发　　73

传统教学文化的守正　　87

正好的教育就是最好的教育　　93

延迟开学日　也是进步时　　99

从工作室到共同体　　104

## 润德化人：校长的文化情怀

教育帮扶就是成己成物      110

教育的朴实      112

人文是人类的心灵港湾      119

学习科学家的情怀和博学      123

要有国际意识      127

要读懂要陪伴      132

**附录**      138

# 成己成物：我们的文化理念

# 成己成物引领教师成长

"学校文化是内容丰富的多维度组合，更是学校成员的群体共识和价值准则。面临巨大挑战和迅速变革，必须发展出与以前既持续又迥异的文化。这些实践重塑学校文化以更好地成就学生和教师，提升学校，坚定社会的信心。"

——题记

教师的专业发展是学校最重要的内涵，是学生成长的基础与前提。在促进教师专业发展方面，我们更多关注教师研修培训、优化教师队伍结构、健全教师考核制度、改善教师福利待遇和提高教师思想觉悟等维度，却常常忽略了价值引领这一看似抽象却至关重要的维度。"引领教师成长"是校长必须承担的六大专业职责之一，学校管理的至高境界是价值治理。2019年9月中旬，我在池州十一中履职池州一中校长。面对千头万绪的困难和压力，我锚定"成己成物"，将其作为办学治校和修炼自身的价值追求，行远自迩，以文化人，引领教师成长。

## 精神传承实践学校价值观

我们池州一中118年来，克难攻坚，厚德立校，培养了诸多为国家发展和社会进步做贡献的校友。我们对学校的传统和精神进行了提炼，对校本化表达"立德树人"中如何融入社会主义核心价值观进行了深入系统的思考，将"居敬持志，成己成物"作为校训，作为全校共享的价值观。以此表达池州一中的精神根脉、价值取向和育人理念，呈现池州一中的教风、学风、校风；教导和寄望全校师生抱守着敬畏认真、专静纯一的态度和原则，坚持自己的远大志向，在不懈成长和更新自己的过程中，帮助和成就他人他物，实现自我价值和社会价值的统一。

在运用学校价值观引导教师专业发展方面，我们充分挖掘和传承校内教学精神和教学经验。"榜样的力量是无穷的"这一句老话在现实教师的专业发展中始终焕发出它应有的效力。最亲切、最有说服力的榜样在哪里？就在本校老教师、名师和传统精神中。前辈们平实可贵的职业精神、敬业态度以及丰富实用的教育教学经验，是学校文化的重要积淀，也是现今教师专业发展的重要校本资源。在强调建设师德师风长效机制的今天，重拾往昔的艰苦奋斗、无私奉献、爱岗敬业和无私爱生等可贵品质，对构建教师的精神支柱和净化教师的价值追求，尤显迫切和重要。我经常与老师们津津乐道分享我们学校83岁的吴菊芳老师每年过生日的故事。吴老师从教30多载，桃李满园。每年过生日，不需儿女操心，都是一群已过花甲和古稀之年的老学生早早张罗、热热闹闹为她庆生。吴菊芳老师就是一位成就了学生而成就着自己晚年幸福的令人尊敬的好老师。

我们学校现有15位退休及在职的安徽省特级教师和4位在职的正高级教师，有3个安徽省首批"名师工作室"和4个池州市首批"名师工作室"。榜样的力量就是精神的传承，就是共同价值观的具化。我们组织教师尤其是青年教师认真研读学校发展史中的先进人物先进事迹，搜集学校发展过程中积淀下来的教师成长、成名案例，要求教师写下自己的心得体会，并与同伴研讨、交流。为了更好地发挥优秀教师的榜样和示范作用，在合适的时机邀请退休和在职的优秀教师，以主题报告、专题讲座、互动沙龙等形式，介绍、研讨教师成长的经验体会。这些校内老教师和名师身上感人的精神特质和丰富的实践经验，可供"拿来"的做法实效性强，而且与现职教师的距离感不大，教师们在交流中很容易产生共鸣，在比照中会自然树立提升自我的信心。"桐花万里丹山路，雏凤清于老凤声"。校内榜样的效果非常明显。近年来，我校青年教师中获全国优质课评比一等奖1人、安徽省优质课评比一等奖5人。

### 援古证今对标"四有"好老师

《论语》中"志于道，据于德，依于仁，游于艺"十二个字，是孔子教育、学术思想的总结和立己立人的写照。我从新时代教育的使命出发，援古证今地为教师们解读"四有"好老师的内涵，鼓舞教师们在古为今用中对标"四有"好老师，做学生锤炼品格的引路人。

"志于道"。"经师易求，人师难得。"人民教师当脚踏实地，更要志存高远，志在共产主义远大理想和中国特色社会主义共同理想这个大道，志在培养德智体美劳全面发展的社会主义建设者和接班人这个大道。我们教育人身处三尺小讲台，要关注关联新时代，才能写好一篇大文章；我们对这个时代常怀感激之心，常怀担当之心，才能去坚定学生的理想信念，才能更好地去厚植学生的爱国主义情怀。这是我引导教师们对习近平总书记"有理想信念"进行实实在在的理解。

"据于德"。"师也者，教之以事而喻诸德者也。"新时代的教师自身具有精益求精的严谨态度、立德树人的职业使命和立己达人的教育情怀，才能"身正为范"。这是我对习近平总书记所讲"有道德情操"应有之意的领悟，并通过有形的或无形的文化传递给老师们。

"依于仁"。"谁爱孩子，孩子就爱谁。教育风格可以各显身手，但爱是永恒的主题。"爱心是教师最大的职业素养。身为国家富强、民族振兴、人民幸福的重要基石，教师们要牢记总书记的嘱托，要具有奉行忠诚于党的教育事业的工作宗旨、抱守为党育人为国育才的"仁爱之心"。

"游于艺"。"水之积也不厚，则其负大舟也无力。"我经常性地告诫老师们，教师承担着传播知识、传播思想、传播真理的历史使命，肩负着塑造灵魂、塑造生命、塑造人的时代重任，一定要"有扎实学识"。学校本就是立己达人的社会场域，教师必须不断提升完善，增强自己立德树人、教书育人的实践性本领和多方面的修养能力。

"成己成物"内化为精神、外化为行动才具有真正的价值。在多层面多角度倡导对标"四有"好老师的过程中，我们学校涌现了一批富有敬业精神和职业担当的好老师。57 岁的黄凌平老师，是一位有着 36 年教龄的化学老师，曾获安徽省"第二届教坛新星"称号和池州市首届道德模范提名奖。他在疫情防控形势严峻之际的 3 月 3 日因跌倒导致右膝骨折。抱着"说真的，这些疼痛都是小事，再痛再难受也不能忘记自己作为老师的职责。我放心不下宅家学习的孩子们""虽然我现在只能卧床上课，但是我绝不能降低课堂教学质量，要对得起教师这个职业"的朴实想法，3 月 4 日他说服医生坚持上好当天的网课后再做手术。手术后，无论在病房中住院，还是出院居家养伤，他都忍着疼痛一节课不落地上好自己每天的网课。安徽电视台和中宣部"学习强国"平台主动对接采访，以《池州一中教师黄凌平卧床直播网课诠释师德光辉》为题宣传报道了黄凌平老师的事迹。黄凌平老师卧床直播网课的事迹，是我们学校抗疫期间最温馨的春天里的故事。我从中进一步理解并与全体老师共勉：在立己中达人，"成己成物"是我们的修行和文化基因。

### 德行彰显回应教育高质量

真正的教育一定是人性的自觉，一定是德行的支撑。通过在江苏基地近 2 年的学习，我越发理性地体悟到：校长的道德领导更多依赖于自己对学校共同价值观的知行合一而形成的态度品质和价值实践力，促进教师呈现出为师者应有的生命姿态。教师真心实意提升自己、成就学生的责任和认同学校，学校也就当然富有了德行。

进入领航班学习以来，我边学边实践，通过在善待不足中信任期待教师、在尊重差异中分层培养教师和在指向"成己成物"中开掘为师者生命姿态的价值取向，努力让学校"成为成人也能生长、改变和学习的地方"。

校长对教师的信任期待对教师的专业发展至关重要。"管理者对下属有什么期待，他们又怎样对待下属，很大程度上决定了部下的表现和职业进步。"作为校长，特别是领航班校长，我清晰地认识到，最要紧的不是忠于自己的管理职责和延续自己以前的业务成就，而是最大限度地成就教师，推动他人成长。在日常的管理工作中，在对教师划定明确的职责与期望的前提下，我努力创设积极的、支持性的工作环境与氛围，对教师的表现给予及时的反馈或表扬，对一些暂时难以胜任的教师给予"你能行"的信任、"我们在一起"的帮助和"静等花开"的期待。

我们的王老师刚走上讲台时，曾因教学经验不足被家长投诉。我们在找准他的教学问题并进行结对帮教的基础上，梳理他的优势，用以说服家长和树立他的自信心，支持他继续带班。他现在已是学校正能量满满的骨干教师。他曾感言道："至今，我还记得刚到学校工作的我热情高涨。经验不足却让我险些中途而废掉下马来。这个时候，学校给予了不知所措的我莫大的信任，领导和师傅们将丰富的经验倾囊相授，面对学生的偶发事件也是竭尽全力地提点，让我得以快速成长。我非常荣幸成为这个大家庭的一员。从那时起，有一种信念开始在心中滋长，我一定要成为学生喜爱、家长放心的好老师。现在想来这不就是一中人的精神——成己成物、传帮带教、薪火相传——所在吗？"

从类似王老师的案例中，我切身体会到：校长善待不足、信任期待教师，能使教师获得一种积极向上的能量，能使教师变得自信。如此一来，教师就会基于价值观和归属感去成为一个个自带动力的动车组。所以，校长影响教师最有效的办法是，有足够的勇气和诚恳的态度，以陪伴者、支持者和促进者的角色，与教师共同面对，一道走过，持续向前。

校长要理解和接受教师的差异性。如同多元异质的学生一样，教师群体不平衡的情况是客观、普遍的。学校怎么对待至关重要。一直以来，我们尊重差异，分层培养，促进职初教师、中青年骨干教师和资深教师在不同层面上有所发展，实现不同层次的教师联动发展。

中青年骨干教师的培养，是在固基强能的过程中，加强科研与教学的整合，实现由经验型向科研型转变。同时，引进竞争激励机制，鼓励冒尖，使骨干教师实现业绩认同——"大家认可我们名副其实"。资深教师的提升，在实现品质认同——"大家佩服我们数十年如一日"的同时，注重鼓励和支持他们向特级教师、正高级教师等高层次教师发展，推动他们在以论文、课题或专著的形式展示成果，发挥示范和引领作用。

职初教师的专业成长直接影响着学校的可持续发展。对职初教师的培养是我们教师专业发展的重中之重。我们着重解决他们的技术性问题，即新教师在课堂教学和班级管理等方面的专业能力、技能；交往性问题，即新教师和同事、学生以及家长的关系处理；人格性问题，即新教师的职业心理状态。培养他们"一个认同、三感和五种能力"：一个认同是身份认同——"大家知道我们是谁"；"三感"是效能感——确认自己是做教师的这块料，归属感——与同事是在一起的同伴，使命感——用坚忍和善心将激情、理想转化为工作追求和学习动力；五种能力是站稳讲台上好课的能力，师生交流和家校沟通能力、班级管理能力、个别化辅导能力和运用现代化教学手段能力。

"课程是来自遥远的命令，教材是别人选择的，教学常规化到了习惯性活动的程度。"教师职业的一大特点是非常容易形成重复性的工作内容和习惯性的工作方式。如何克服或最大限度降低这一不利影响呢？是我一直在思考和力求突破的问题。

指令和制度、要求和问责、监督和检查、奖励和培训等等，基本上都是投入成本很大的见招拆招。萨乔万尼在《道德领导：抵及学校改善的核心》中说到，"教师因道德原因而对共同体的价值观作出响应……他们的表现舞台得以延展，且是稳固持久的。"我从中理解到责任感和义务感来自共同的价值观，校长要提升自己的价值引导力，鼓励教师把自我成长作为自利和利他的能量，实践学校共同价值观，成己成物，呈现为师者应有的生命姿态。

从刘铁芳教授《以教学打开生命——走向生命论的教学哲学》一文中，我找到了为师者应有的生命姿态或生命姿态的价值取向可以包括四个方面：

一是爱与权威的统一。爱是师生基于情感的积极互动，权威最主要的是一种稳定的规则与秩序。这对于新教师极其重要。因为他们在刚刚进入教育教学的初始阶段，所面临的最大障碍是如何维持课堂纪律、激励学生及因材施教。

二是职业生命的自觉。人对于职业的态度集中反映了他生命自觉的广度和深度。教师对于自己教书育人的职业应始终抱有敬畏和温情。为人师者应具有仁爱关怀的人性气质，由内而发地明白石中英教授所提出的"为师者在履行自己职责时所应当秉持的根本价值原则和所应当追求的根本价值使命"。

三是坚持自新的习惯。好学不厌方能立方能达，诲人不倦是为立人是为达人。新时代的教育政策强供给，教育改革综合系统，承载使命的教师一定要具有"苟不自新，何以获存"的本领恐慌感和能力危机意识，从而形成不断提升自我和持续完善自我的好习惯。

四是认同和承诺融于情感中的美好。教师对学校共同价值观的认同和承诺融入对学校的情感中，是非常温暖的美好。正如我校荣获安徽省第四届中小学青年教师教学技能大赛、安徽省高中英语优质课评比一等奖的胡老师在表达中所呈现的姿态，"我们体验到了什么是奉献、什么是责任。一份喜爱的事业、一个温暖的港湾、一群亦静亦动的小伙伴……生活如此厚待，无以为报，唯有努力工作、开心生活、善待他人、善待自己。我承诺，在今后的教学中我会加倍努力，用自己的青春和汗水与学校一起成长，谱写人生最华丽的篇章。"

教育与管理的崇高使命之一就是传承价值、创新价值、引导价值、教化价值与实践价值。"居敬持志，成己成物"就是我关于领航校长使命与担当的应然理解和价值追求，更是我作为领航校长引领教师专业发展的价值实践和职责持行。

# "立德树人"的校本化

党的十九大报告指出，要全面贯彻党的教育方针，落实立德树人根本任务，发展素质教育，推进教育公平，培养德智体美全面发展的社会主义建设者和接班人。立德树人不仅是教育的根本任务，也是教育的初心和使命。努力培养担当民族复兴大任的时代新人，培养德智体美劳全面发展的社会主义建设者和接班人，是新时代学校人才培养工作的"必答题"，也是学校教育事业发展的"必选项"。池州一中正处在高质量发展的关键时期。我们在充分研讨相关政策文件和王一军教授等《江苏省中小学落实"立德树人"根本任务现状调查分析》一文的基础上，从学校实际、师生需要和地域现状出发，努力推进"立德树人"根本任务的校本化落实。

## "立德树人"的内涵

习近平总书记指出，基础教育是立德树人的事业，要旗帜鲜明加强思想政治教育、品德教育，加强社会主义核心价值观教育，引导学生自尊自信自立自强。党的十八大提出把"立德树人"作为教育的根本任务，是对我国教育传统思想的回归与重构，是教育历史经验的继承与时代创新。

"立德树人"是一种教育思想和一种教育文化，是确保中小学科学、健康、有序发展的专业行动，是在实践中回答"培养什么人、怎样培养人、为谁培养人、靠谁培养人、在怎样的环境里培养人、培养取得什么样的成效"这六个重大的教育问题。

因此，我们在日常办学治校的行动中，要把学生的健康成长和全面发展落实到教育的全过程，要把为党育人为国育才、实现学生德行与理性的协调发展内化为日常的教育思维与教育行动。

### 校本化表达"立德树人"的核心

"立德树人"根本任务的核心是社会主义核心价值观教育。我们以社会主义核心价值观指导和统领学校文化建设，努力将其进行校本化表达以融入学校文化中。

我们的办学理念是：厚德日新，适性成长。明确的校训是：居敬持志，成己成物。提出的育人目标是：为超越而来、奔卓越而去，培养有理想、有本领、有担当、理性和德行协调发展的高中毕业生。追求的学校愿景是：努力办成内涵丰厚、全面育人、高品质人才辈出的优质示范高中，打造成池州学子向往的百年名校和池州城市的名片。

同时，以"居敬持志，成己成物"为学校文化的思想逻辑和宗旨归心，追求学校文化是先贤在"说话"，是百年积累的文化传承在"说话"，是在对着师生"说话"，是社会主义核心价值观在"说话"。如以"贵中立学，厚德日新"八个字为首字，用贵恒楼、中和楼、立达楼、学行楼、厚行楼、德行楼、日乾楼和新实楼命名教学楼、实验楼、体育馆和行政办公楼，并逐一在楼宇外墙上标明楼名的出处。

### 系统建构"立德树人"的框架

"立德树人"是学校的全局性工作。对中小学来说，落实"立德树人"根本任务，目前为止没有可供实践的具体指南。根据新时代教育高质量发展的要求和中小学教育工作框架，特别是《关于新时代推进普通高中育人方式改革的指导意见》和《中小学德育工作指南》，基于校本条件建构"立德树人"根本任务的实施框架。

指导思想是忠实执行党的教育方针和国家政策，突出学生本位，转变育人方式，坚持"五育并举"，实施素质教育，努力形成校本特色，全面提高办学质量。

工作指向培养爱党、爱国的人，对他人有益的人，对国家和社会能有贡献的人，能实现理想抱负、体现人生价值和幸福生活的人。具体落实在学校育人目标的实现中。我们秉持德育也是教学质量的理念，在德育工作中降低重心，倡导他律自律并重。在夯实传统学校德育工作的三大支柱，即团队建设、班级管理和活动组织的同时，大力开发校内外德育资源，拓宽德育工作路径和内涵，增强德育工作的丰富性和选择性，提升德育工作的有效性和育人水平。

课程实施和课堂教学是落实"立德树人"根本任务的主阵地。习近平总书记指出，思政课是抓好立德树人根本任务的关键课程，思政课作用不可替代，思政课教师队伍责任重大。在"十四五"期间，我们要着力建设一支政治强、情怀深、思维新、视野广、自律强和人格正的思政课教师队伍。立足于两个大局，开展马克思主义教育，培育和践行社会主义核心价值观，培养拥护中国共产党领导的社会主义建设者和接班人。坚持既育分更育人，将育分与育人有机融合，转变育人方式，开齐、上足和教好国家课程，强调学科育人、活动育人，培养学科核心素养，帮助学生逐步形成适应个人终身发展和社会发展需要的必备品格和关键能力。大力开设综合实践活动课程和专题教育活动课程，促进学生道德发展、发现生命意义和锻炼关键能力。同时，为适应高考综合改革和综合素质评价的需要，大力加强学生发展指导。

心理健康教育是落实"立德树人"根本任务需要强化的教育领域。当前中小学生面临诸多心理问题，特别是高中学段因为学业压力大，心理健康教育显得愈加重要。实践表明，在心理教育方式中，团队辅导、体验活动和个别辅导更具有教育的针对性。由于心理发展与心理问题都具有鲜明的个体性，我们规划在充实教师队伍和加强硬件建设的基础上，将个别辅导置于我校心理健康教育工作的核心位置。家庭教育是孩子健康成长的基础和关键。我们要积极指导和充分发挥家庭教育在心理健康教育中的作用。

发挥体育、艺术和科技工作的育人作用。体艺科技工作鲜明地体现着学校的教育文化追求，是"立德树人"教育的重要支撑点。体育是培养身心健康、抗压能力和团队精神最好的途径。落实体育强国、健康中国建设，用健康第一的理念指导学校体育工作，通过"教会、勤练、常赛"三个环节，开展面向全体学生的体育活动，进而达到育人的目的。艺术工作重在审美教育和学生艺术特长教育。改进科学教育，强化实验教学，花大力气建设好理化生和科技实验室，配备好相关工作人员，开齐、开足和上好综合实践活动课程、通用技术课程，培养学生的实践能力、创新精神和科学素养。以"钱学森班"自主招生为契机，争取市教体局将池州一中拔尖创新人才早期培养工作列入专项项目加以推进，努力在学科竞赛和"强基计划"工作中取得优秀成绩，着力提升我校拔尖创新人才早期培养工作在全省的竞争力。

落实考试评价制度改革。教育评价事关教育发展方向，是完善立德树人体制机制的重中之重。认真贯彻落实中共中央、国务院印发的《深化新时代教育评价改革总体方案》，改进结果评价，强化过程评价，探索增值评价，健全综合评价。充分利用信息技术，提高教育评价的科学性、专业性、客观性。对照普通高中办学质量评价标准，突出实施学生综合素质评价、开展学生发展指导、优化教学资源配置、有序推进选课走班和规范招生办学行为等内容，促进学生全面发展。

补充高素质教师，提高教师队伍育人水平。教师是立教之本、兴教之源，是教育发展的第一资源。坚持把教师队伍建设作为基础工作，作为"立德树人"的根本依靠。从学校教师队伍年龄偏大、近四年将有32位教师退休和"有编不能补"的实际困难出发，从池州一中为迎接高考综合改革做准备的迫切需要和推进高质量发展以提升学校在全省办学质量的竞争力出发，争取市委、市政府同意我校按照"数量上逐年补充，质量上稳步提高，结构上不断改善"的原则，近三年每年使用5-8个左右编制，采取直通车的渠道，到985、211高校，以具有高中教师资格证的研究生为主公开招录优秀应届毕业生。对于紧缺急需的学科优秀教师采取一事一议的人才引进方式予以解决。充分发挥奖励性绩效工资的激励功能，坚持"培养与引进相结合、校内培训与校外实践锻炼相结合、学历提高与专项培训相结合、完善考评机制与激励相结合"的师资队伍建设总体思路，以"更新教育观念、提升人文素质、改善教育行为和提高育人能力"为教师队伍建设的工作重点，依托校外专家资源力量，建立以在职培训为途径和教育教学实践为取向的池州一中"教师发展学校"，提升教师育人水平，为学校高质量发展提供第一资源保障。

形成学校与家庭、社区的教育合力。落实"立德树人"根本任务，是新时代全社会的共同使命，需要学校、家庭和社区共同努力。从疫情防控期间学生居家学习亲子关系反馈的情况看，做好家庭教育的指导工作是学校一项非常迫切的工作。与家庭、社区一道健全协作组织与共同教育平台，健全家庭教育委员会和社区教育委员会的组织结构、功能，重新审视两个委员会与学校的互动关系，也是学校当前紧迫的任务。

# 教育是最好的"立己达人"

坚持以习近平新时代中国特色社会主义思想为指导，落实立德树人根本任务，遵循教育规律，树立科学的教育质量观念，坚持德育为先、全面发展、面向全体、知行合一，培养德智体美劳全面发展的社会主义建设者和接班人，是我们教育工作的终极使命和时代要求。

我们教育工作者如何落实使命？如何应对挑战？一是要坚定信仰，要有忠诚人民教育事业的情怀、思想和执着。二要有共同价值观即前瞻、共识和操作。三要有教育反思，即质疑、追问和调整。我们要从这样一个原点出发：未来社会的雏形奠基在我们现在的学校中、我们现在的班级生活中，我们的课堂、教室、操场确实维系着国家和民族的未来。因此，我们对于学生的教育、对于学生的言行，就一定得如临深渊、如履薄冰，一定得用心、用心、再用心。人性本善，我们的团队、班级、学校蕴藏着潜在的善，只要提供机会，就能建立某种联系，大家的善就能被察觉，就能显现出来。正如张新平教授翻译的《欣赏性探究：一种建设合作能力的积极方式》一书中写到的：每一个人就是一个"巨大的水库"，蕴藏着潜能，等待着释放的时机。一个成功的个体或组织之所以取得成功，很多时候并不是弥补了自身的不足，而是最大限度地发挥了自身优势。我们的主要工作就是持续不断地理清自己个人的优势，致力于发挥和挖掘他人与组织如班级、团队、学校所拥有的长处、亮点与潜能。如此一来，我们的弱势就变得无关紧要了，我们就能以此构建更好的未来。所以，做教育，当着人生的修行，做到有人性有温度有故事有美感有高度。

### 教育是基于教师的持守

"教育在于引领和改变。"教育的根本任务在于促进和实现人的发展。对于教育工作者而言，教育是人生修炼，是度人度己。表面上看，是我们在教书育人，根本上却是我们关照自己的内心世界，不断发现自己、反思自己、悦纳自己，再去悦纳学生的一场人生修行。实际上，成全我们人生的，正是日日让我们欢喜让我们忧的学生们。

在日常生活中，我们要握住自己的坚持——"既尽力而为，又量力而行，一件事情接着一件事情办，一年接着一年干"。学校是一种"有组织的无序状态"，教师拥有相当的专业自主权，再精细的规章制度都无法涵盖教师的一言一行，尤其是课堂教学。这也就要求我们具备高度的专业素养和职业自律。

我们中小学老师面临的现实是，在校学生的差异越来越大；对教育对学校对教师关注度越来越高，容忍度越来越低；人们希望教师能日复一日地热情奔放地教学生，能敏锐地诊断学生学习上的问题，并能帮助学生克服学习上的困难；不能出乱子尽量出成绩；不是下课就走人，讲台下还有诸多责任；在教育领域里调换工作的机会很有限，人文关怀不多；是教育改革框架里的一个符号，主要是执行；教育是一个系统工程，时刻努力不见得有明显的成效，稍有懈怠就会出问题。

那么，我们坚持的理由是什么？我们发自内心尊重自己的职业吗？我们有没有把自己的职业当作是一种使命和召唤，去体会其中深切的含义？

"四十年来，循循善诱，陶铸群伦，悉心教职，始终如一……无辜蒙难，备受凌辱。老师一生，坦荡清白，了无点污，待人诚恳，处世方正，默默献身教育事业，终生热爱教师生涯，其情操其志趣足堪今人楷范。"我在杂志上读到尹荃老师的墓碑碑文后，顿悟答案尽在其中。尹荃老师（1897～1970），在国立北京师范大学第二附属小学，也就是今天的北京第二实验小学任教。将自己的一生奉献给小学事业的尹老师，1970年去世。她没有子女。死后十多年的1989年，她的36位学生为其治衣冠冢于万安公墓。

"生活中只有一种真正的英雄主义，就是认清了生活的真相后还依然热爱它。"怎样持守好我们的使命？明白教师的本质是什么，对于回答这个问题大有裨益。郭芳博士的《教师哲学思想研究》以美国玛克辛·格林、奈尔·诺丁斯与帕克·帕尔默三位教育哲学家关于教师的思想为对象，追问了教师的本质这一教师本体论中最核心的问题。格林认为教师是一种实践本体存在，也就是说，教师应在全面觉醒的意识基础之上，通过不断超越既定状态的行动，通过改变知觉世界的方式，从而获得现实性。诺丁斯关怀伦理中的教师是一种关系性本体存在，也就是说教师应该在接受性意识基础之上，与每一名学生发生独特的相遇，从而获得学生的回应与承认。对于帕尔默来说，精神性的"真我"是他讨论教师的逻辑起点，也就是说教师是一种精神性本体存在。这意味着教师应在自身认同与完整性为特征的意识基础之上，通过克服分离，形成联系，追求实现"真我"的存在，这种"真我"是以精神性为内在逻辑联结的内在真理与外部表现相统一的整体。所以，教师本质应该是实践、关系与精神三者结合的本体存在。

实际上，在家长和学生的眼里，学校是学习之所，也是一个教养和关爱的场所。家长心中最柔软的地方就是自己的孩子得到了个别关注。好学校的标准是：对人要好，使人变得更好。我们对待学生，既要谨记怀特海所说，"在教育过程中，一旦你忘了你的学生是有血有肉的，那么你就会遭遇悲惨的失败"，更要铭记莎士比亚所说的"最好的好人，都是犯过错误的过来人；一个人往往因为有一点点的缺点，更显出他的可爱"。

除了以上理念认知外，我们更要持续学习。李政涛教授在讲座中就提到，每个人不同阶段都有发展瓶颈，中小学教师通常会遭遇三大瓶颈——激情减退，倦怠；积累不够，吃老本；思维品质下降，跟不上时代。要打破自身发展瓶颈，就要进行以课标、专业期刊和书籍为主的理论学习；就要善于在他人和自己的课堂中、教研组的办公室中、观摩的兄弟学校中和各类培训进修中进行现场学习；就要通过记录、梳理、复盘、揣摩、实操进行反思与重建式学习，即将各类现场与自我勾连，看人家的、想自己的、学成自我的。

好教师是做出来的。古德莱德在《一个称作学校的地方》描述到，课堂的感情基调既无冲突矛盾，也不温暖快乐；既不消极，也不积极。学生对于调查问卷"学校里最好的一件事"的回答，列在第一、第二的是朋友和体育活动，列在最后两位的则是老师和上课。近年来，我们一直倡导教师要做到"五个好"：课上得好，题选得好，差异化辅导做得好，时间使用得好（时间是最为宝贵的教学与学习资源，师生关系处得好（好的关系胜过好的教育，良好的师生关系出质量。最主要的是，教师最大的价值在于连接人、连接生命，连接并融合素昧平生的人）。

质量是新时代教育最本质的特征，教育的质量永远取决于教师的质量。在学校中，要看到"教育的味道、教育的气息和教育的力量"。其实，我们看到学生的样子，就感受到了学校的样子；我们感受到教师的气质，也就看到了学校的样子。攀缘植物的高度，取决于被攀缘物。学校（教师）是一把"梯子"，学校（教师）发展的高度，影响学生成长的高度。教师要绽放自己的小精彩。

在这样一个"短平快"的时代，为师者的精彩很大程度上取决于自身的心态。一是"接纳"。苏轼的"试问岭南应不好，却道，此心安处是吾乡"道尽了接纳之妙。唯有接纳、发现、享受，才能相看两不厌。对教师自己，对学生，对现实，都是如此。还是苏轼写的，"庐山烟雨浙江潮，未到千般恨不消。到得原来无别事，庐山烟雨浙江潮"。经历过后，领悟过后，就更加接纳了。二是"平静"。平静是更大的力量。帕梅拉·R·布莱恩的《鹪鹩还在唱歌》写到，"也许我们可以从鸟的身上学到许多。向它们学一学怎么筑巢、怎么喂养幼子，以及怎么对命运歌唱。鸟不要求更好的巢。它们不抱怨自己的遭际、命运，只是平静地接受发生在自己身上的一切，并且尽最大的努力用生命创造一些美好的东西"。平静下来，才可理解。平静之后，是对这个职业充满感恩。人的内心是平和的，不抱怨，有怜悯，在生活中才能真正去"尽人事，顺天意"。我们对待学生要赋能，帮助式发展；对待职责要担当，单位、岗位不是为我们定身量做的。只有我们帮助了单位，单位才会谢谢我们；对待同事既要把自己当自己、把别人当别人，更要把自己当别人，把别人当自己。一个平静的教师，是使学校宽心的人，不带来麻烦；是让学生舒心的人，不逃避责任找借口；是让同事感到温暖的人，有同理心有共情力。

### 教育是真正为了所有学生

迈克尔·富兰等著的《突破》一书提出"让大规模个性化学习成为可能"，核心就是实现教育的道德目标，即教育是真正为了所有（每一个）学生。该书强调了学生学习起点的重要性。学生当前的学习能力与他们已经知道什么和能够做什么相关。确定每个人的起点，从而确定从哪里开始、需要什么样的帮助，并指导（知道）以后每天怎么做。"有问题的人是问题，也是解决问题的来源。"关键是教师教学的设计和组织指导。因为每个学生都具有不同的学习动机、不同的起点、不同的能力和不同的阻碍学习的弱点。现行的班级授课制采取的是年级累进模式。这种模式假定同龄人具有同等的学习基础和学习进度，同一年级课程目标和成绩标准相同，同一班级受教于同样的教师。对学生的评估与他们的起点没有关系，起点是课程规定好的，而非学生自己准备的情况。所以，教学最基本的要点是：只有当教学足够精确并直接建立学生已有基础之上时，且将学生带到更高一层能力时才是有力的。

该书指出："提高，更多的时候是一种在你工作环境中学习做正确的事情的活动。"教书不涉及高深的专业知识和技术，课堂教学是广泛被经历的公共性活动之一，几乎每个男女老少都能从个人的经历来谈论一番。课堂教学仍然是捉摸不透、枝节纷扰的一张网，课堂仍然是一个"黑匣子"，有效课堂教学实质上是不可言说、无法定义和探究、复制的。那么，我们如何做到有效呢？迈克尔·富兰等分析和提炼了两方面的各"三个因素"，极具指导意义和实操作用。一是影响学生成绩最重要的三个因素，即学习动机和高期望值（相信学生通过努力都可以达到高标准），学习时间和机会（有效学习需要学生在学习上花足够的时间。学习需要时间，不同个体需要不同的时间来完成同一学习任务），针对性教学（准确地评估，知道每个学生的优缺点；教学中知道在什么时候、使用什么、怎么使用教学策略和相应的资源）。二是影响教学的因素中，效应最高的前三个因素依次是反馈、直接指导和先前的成绩。特别是，"只有当它用来改变差距时"才能称之为反馈。

反馈，就是"怎样将学生的成绩和作业用来培养学生的能力和提高成绩"，将实际的或当前的成绩水平与标准（目标）比较，并且采取适当的行动来缩小差距。

### 要关注"育人的高质量"

教育的高质量必定是"育人的高质量"。学生发展核心素养的培育是育人质量提升的关键词。中国学生发展核心素养是对党的教育方针的时代化表达和具体化表征，三个方面、六大素养和十八个基本要求就是将"德智体美劳全面发展"具象化为对个体的能力要求，诸如人文情怀、乐学善学、自我管理、国家认同、国际理解、问题解决等，从而明确社会主义建设者和接班人的基本特征，对我国教育所需要培养的人才进行较为清晰的"画像"。中国学生发展核心素养落实的三大途径是课程改革、教育实践和教育评价。

当前普通高中深化新课程改革直指"育人的高质量"。"在这个不确定性甚至不稳定性已经成为基本属性的时代，在这个充满变数甚至挑战的时代，我们务必记住，未来一定发生在现在"。我们必须从高质量的"课程育人"角度全力实施好高中新课程。课程是由知识、技能以及与之相应的学生活动组成的。课程为学习者提供了成长的资源与思想。课程教学不只是知识传承本身的需要，学生在知识学习过程中，伴随着思维方式、行为态度、价值观的变化。因此，我们一定要明白：课程的育人价值，不是课程之外的另一盘菜，而是课程本身的应有之义。课程育人不是注满一碗水，而是点燃一把火。我们实施好普通高中新课程，就是在实现普通高中育人方式的改革。

　　教育高质量发展意味着追求学生的全面发展，追求学生核心素养的培育，实现对学生培养质量的升级换代。新时代普通高中学校发展要定位在紧紧抓住人才培养的关键——综合素质。习近平总书记提出的"六个下功夫"，就是科学的人才成长观。其中之一是"要在增强综合素质上下功夫"。《关于新时代推进普通高中育人方式改革的指导意见》也非常明确了"强化综合素质培养"。普通高中育人方式改革，重点是聚焦如何全面提高每个学生的综合素质，从而达到"育人的高质量"。综合素质就是全面发展，对高中生而言，就是要"文理兼备"，知识结构完整，人格健全，学会自我管理、学会与他人合作、学会集体生活，具有综合能力。普通高中学校如何做到呢？最关键的是确保普通高中新课程全面落实，使"五育并举"育人方式成为学校教育常态！让学生德智体美劳全面发展，归根到底，就是立德树人，这是教育事业发展必须始终牢牢抓住的灵魂。

# 变革中的学校教育

塞万提斯在《堂吉诃德》中说："别妄想世界永恒不变。"人工智能时代，"互联网＋教育"一直在推进，因为教育领域的复杂性而迟迟难以有普及性的跨越。疫情之下的"停课不停学"中有 2 亿多学生集体上线学习，线上教学第一次在中国大地遍地开花。这给教师、家长和学生都带来极大的挑战，特别是，倒逼教师们重构教学方式，推动学校转变育人方式。这次新冠疫情是学校教育化危为机、因势而变的契机，给学校教育带来一些变化。

## 教育理念更加突出"以人为本，兼济天下"

生活即教育，社会即课堂。这场疫情就是教材，逆行者就是榜样。新冠疫情的发生和阻击，一定程度上促使学校教育理念更加突出"以人为本，兼济天下"。青少年时期的重大经历与危机体验会影响孩子一生的成长与发展。2020年初遭遇的这场特殊危机，一定会让孩子们变得更加自主、自律，更加坚忍、坚定，会更加激发孩子们的进取心和担当精神。以往，危机灾难、责任担当、敬畏自然、热爱生命、奉献祖国，对在校的孩子们来说，往往是抽象的、遥远的。新冠疫情，将这一切变得非常具体、真实。学校本就是立己达人的社会场域，我们可以通过各种课程和途径，帮助孩子们树立"兼济天下"的情怀与志向，为自己的理想目标不懈努力，在不断自我更新、自我完善的过程中，帮助和成就他人他物，追求人与人、人与物的和谐共生，实现自我价值和社会价值，将内在的人格修养与外在的道德实践统一起来。

### 教育目标充分考量学生自主学习力

经历过这次长时段、全天候的"线上学习"，未来学校教育的一个重要目标就是培养学生的自主学习力，让学生会学习、爱学习。

培养好习惯，尤其是自主自律能力。学生居家学习的最大特点是学习时间安排的自主性加大。线上教学的本质要求是学生的自主学习。少了教师面对面的指导和监督，学生的自律性、自学能力是影响教学效果的重要因素。往常的线下课堂教学中，大部分学生处于指令性的被动学习状态，习惯于教师、家长有形无形的监督和催促，自主学习的机会不多。在线学习，上课地点变了，教师授课方式变了，作业考试和师生互动样态变了。最为关键的是孩子们对网络游戏、网络社交是否有着较强的"免疫力"。教师和家长们最担心的是，病毒奈何不了孩子们，孩子们却有可能在线上学习中被自己打败。要想达到学习效果，一定是孩子们能够用坚忍和毅力构建起强大的自律精神，坚守住平时认真听讲、主动提问、保质保量完成作业和限时考试的好习惯，坚守住学习要求不变、学习态度不变。

居家线上学习对学生的学业成绩来说是一个巨大的分水岭。有人调侃说高考、中考如期举行，就是选拔自主自律的人，淘汰不能自主自律的人。的确如此，这次线上教学，会筛选出一批具有自主自律能力的优秀学生。未来学校教育中，培养和提高学生的自主自律能力至关重要。

培养终身学习的目标意识。在全球面对严峻挑战和艰巨考验之际，没有人能够置身事外。疫情阻击战的诸多事例向孩子们证明：不断强大自己，才会有强大的实力去担当、去守护。所以，要让孩子们深刻体悟到，学习是一辈子的事情，不是为了某件事、某个阶段才努力的。学习是获取知识的途径，知识是无止境的，每天学一点儿，成长的记录袋就充实一些，自己就强大一些。如果把学习看成是让自己变得更好、让社会和国家变得更好的事情，孩子们就不会害怕学习，不会讨厌学习，也不会成为分数的奴隶，当然也不会出现许多不应该出现的教育事故了。

**教学方式实现线上线下有效互补**

线上教学考验着教师的信息技术与学科教学深度融合能力，全员在线教学倒逼教师边实战边学习，边实践边提高，边反思边改进。教师的信息技术应用能力在这次"停课不停学"中普遍得到提高，应在线上线下有效互补中进一步巩固升华。教师在线上教学中漫步云端，既有孤独的尴尬，也有诗意的美丽。丰富的教育资源能激发学生的兴趣，每一个学生可以自由驰骋讨论区，平日课堂不敢发言的学生也踊跃参与了。讨论参与度大大提高，着实让教师兴奋。而且课后的智能作业设计能够有效弥补网课的不足。教师收发作业方便，批改评价及时。同步的数据统计更能及时反馈学生的学习效果，非常有利于教师调整教学方法和策略进行针对性的教学。

教师要以拥抱信息化的心态，提高线上教学的能力和水平。学校更应该增强信息化教学的意识和紧迫性，从技术、硬件和教师三个层面推进信息化教学的布局、研究和实践，建立面向未来的线上线下融合的教学体系。

当然，基于教学最大的本质就是师生面对面的交流。全天候的线上学习使学生易疲劳、枯燥，而且容易导致学生视力损伤。线下课堂教学应该仍是主要教学方式。这点可以从在线教学中，学生们普遍不时地迫切要求回归校园的强烈意愿中得到明证。

**教育生态关系更加走向多维和谐**

疫情中线上教学形式大规模出现后，学校的教育技术、教育环境、文化氛围等都不同程度地关联起来。教育生态关系更加多维和谐。

家校同频共振协作关系。疫情之下，"神兽"们居家线上学习，让家长们切身体验到了教师的重要性和教师工作的不容易。家长从以前"防火、防盗、防子女用手机"到如今不得不让孩子们好好用的心理转变，每天关注孩子在线学习状态，督促孩子的时间管理和作业完成情况，及时传达和提交老师布置的作业。根据教师的反馈信息与孩子沟通，对孩子进行心理疏导。疫情之下的线上学习，让家长们对于教师的一专多能和操心烦神感同身受。家长们更理解教师，更能接受新型教育态势，更能与教师共同承担起教育的责任。

又如，学生们居家学习的特殊时期，家长和教师可以合作设计，以家务活和生活技能为主，对学生开展劳动教育。未来学校教育生态中，必须强化家长角色，打造父母与孩子共同成长的平台。

师师合作、师生合作、生生合作关系。立德树人是教育的根本任务，教育是有人性、有温度和有故事的。教师团队应该是一支合力育人的队伍，组成强大的教育资源网络，各显其能、共享资源、合力共进。教师和学生是有情感、有思想的人，教学过程是思维的碰撞，是情感交流的过程。学生的思维越活跃，越能激活教师的思维，师生完美合作，才能教学相长，才能促进学生健康成长，才能真正实现立德树人。学生之间互帮互助，共享学习方法经验，求同存异，彼此尊重，在和谐的教育氛围中成为玩伴、学伴和成长的好伙伴。

现代化教育技术的贯通。现代化的教学手段，需要技术赋能。对于疫情之下的线上学习经历，师生都积累了一些宝贵的经验，日后能够更加便捷、高效地运用网络协助学习。试设想，未来校园里建立一个线上图书馆，开放式的阅读环境，丰富的阅读资源，师生随处可读、随时可读，就可以解决眼下高中生线下阅读时间和空间大受限制的问题了。由此观之，智慧校园和智能化技术是多维和谐教育生态关系的有力推手。

《菜根谭》有言："天地有万古，此身不再得。人生只百年，此日最易过。幸生其间者，不可不知有生之乐，亦不可不怀虚生之忧。"新冠病毒的侵袭，让人类冷静地反省，尊重规则，敬畏生命。作为教育工作者，更要从这次疫情中思考自身的价值、改变的意义、教育的初心和育人的本质，更好地担当起新时代教书育人的重任。

# 未来学校教学系统的构建

## 大数据赋能教学的尝试性实践

大数据技术，简言之，就是从各种各样类型的数据中快速获得有价值信息的能力。大数据的显著特征是 4 个 "V" ——Volume、Variety、Value、Velocity，即数据体量巨大、数据类型繁多、价值密度低、处理速度快。大数据为学校带来新的发展内驱力的核心环节就是赋能有效教学。

借助学乐云公司的设备、技术和平台资源，2018 年、2019 年秋季开学前，笔者所在学校通过教学现场展示和教师现身说法，在家长和学生自愿的基础上，分别选择起始年级的两个班和三个班进行平板教学试点。

"及时反馈" 是影响学生学业成绩的关键因素之一。为了让学生在个性化学习过程中不断获得及时反馈和精准指导，建立一个及时分析学生学习数据和描绘学生学习轨迹的平台是必需的。科大讯飞智学网进入我们学校设立了 "大数据个性化学习服务中心"，通过专人进校驻点服务，使用个性化学习手册，对学生的作业、测验和考试情况及时开展学习结果分析应用。教师可查询班级整体学情，明确教学方向；学生查看错题分析，获得个性化的补偿性练习资源以巩固薄弱知识点，依据数据分析结果和建议，选择符合个性特征的学习策略，实现个性化学习成长；学校在一定程度上实现了分层教学。学习结果数据是课堂教学成效的基本体现。我们与拥有网络阅卷平台的七天网络公司合作，对全年级、全校的统考统测，通过人工智能采集数据进行分析，为精准化分层教学赋能。特别是通过连续多次考试成绩分析，对学生考试成绩偏科情况进行梳理，从个人角度分析学生偏科行为，从而保障了学校和师生有针对性地采取改进措施。

追求构建基于大数据的未来学校的教学系统任重道远。但是，尝试就是追梦，追梦就是为了理想的未来。

**未来学校教学系统的设想**

大数据应用于课堂教学，最大的影响是它有能力去关注每一个学生的微观表现。运用大数据技术，不仅可以获得一个学生在一节 40 分钟的课堂中所产生的全息数据约 5GB—6GB，而且可以对这个学生在课堂学习过程中的各种行为表现、情绪态度等进行全方位分析，得出学生学业的优缺点和对待学业的态度等。大数据让教师走近每一个学生的真实，开展学习行为差异分析，寻找学生个体的学习行为差异，探究学生学习过程影响因素，支持教学过程重建，促进教学方式改变。这就克服了标准化测验没法对学生的每一个方面做出评估的缺陷。同时，"大数据＋人工智能"能够全方位记录、加工、分析学生的学习过程，使得学生可以获得来自工具、教师和同伴的及时反馈，反思自己的学习。

但是，由于对学生全息分析的数据工具目前尚未开发成功，我们尚缺乏影响课堂教学实践以切实提高学生学习效果的手段，用来支持服务于全体学生的日常教学变革。以此为出发点，以迈克尔·富兰等著的《突破》中的相关观点为支撑，基于大数据的未来学校的教学系统，我们的设想倾向于以下三个要点：

1. 成功建立起个人化的、持续的、以数据驱动的、有的放矢的日常教学程序和做法。

一套有力的评估工具。这套工具与每堂课的学习目的相配套，使教师每日获得有关每个学生准确的、综合的信息。这套工具的管理使用不会过度干扰正常的课堂秩序。

一个不用太多时间而又能捕捉到过程评估数据的方法。自动分析数据，并把数据转换成可有效推动教学的信息，使教师很快即可做出教学方案。

一种使用每个学生的评估信息来设计并实施个人化教学的措施；为教学而评估成为提高教学精确性的策略。

一套嵌入的手段来监测和管理学习，测试哪些能有效地、系统地提高课堂教学的效果，从而使之更加精确地应对教室中每个学生的学习需求。

2. 建立线上线下混合学习的智能系统。

崔允漷教授认为，教师的专业实践分两步：一是信息转移，从教师的教到学生的学，教师将目标、内容等相关信息传递给学生，以便学生后续学习与内化；二是信息加工，学生从学过到学会，在教师专业指导下处理、精加工信息，达成预期目标。人工智能在解决第一步"从教到学的信息传递"具有突出优势，但无法解决第二步"从学过了到学会了"。学生精加工信息还需教师提供及时、精准且专业的判断与指导。线上学习平台最大的挑战还在于无法解决学习动力的维持、心理情绪的支持、反馈效果的判定等问题。因此，线上与线下的混合学习，将长期且持续成为学校学习的主流。推动信息技术与学科教学深度融合，建立线上线下混合学习的智能系统。

3. 每间教室都有能使用数据驱动教学更精确地促进学生学习的教师。

数据和技术都是手段，关键是使用数据和技术的人。教师是对学生学业成就影响最大的因素。德国约翰·哈蒂所著的《可见的学习》，主张教师应该更强势地介入或干预学生的学习，即使教师不必成为课堂的中心，他也必须像导演一样掌控教学的整个过程。在大数据技术下，教师更应很好地实现学生与教师互动、与资源互动、与平台互动、与同伴互动等多向互动。作为"更有能力的他者"，教师对手中掌握的大量的学生评估数据不能望而生畏，要在更好地管理和使用数据的基础上，解决怎样精确地将数据与日常教学联系起来的问题，实现"数据—信息—策略—行动—改进"的工作路径。

# 发展正是学校文化

## ——池州一中发展三问

**怎样理解"学校发展"是文化？**

通过在领航班的学习和反思，深刻认识到：在一般的价值前提下，基于自身内部实际情况和区域外部环境的适切性分析，选择学校发展最优的定位和路径。普通高中是基础教育的最高阶段，具有根基性，是"为学生的终身发展发展奠定基础"，如同"春种一粒粟，秋收万颗子"；又具有预备性，是"为学生适应社会生活、接受高等教育和未来职业发展打好基础"。所以，高中教育一定要有足够的宽度，一定要培养学生学会学习。

池州一中发展的根本是：促进学生健康成长和全面发展，激发和培育学生持久学习的动机和能力。无论是在面上还是在点上，我们都要聚焦和落实三种教育行为：一是关注不同类型的学生，尤其关注弱势群体。对于有学业失败危机的学困生，有潜力的尖子生，特别是低收入家庭、留守、单亲、残障等弱势学生群体的爱护和引导，就是教育公平。二是切实支持学生不同方面的成长。根据多元智能理论，物各有所长也就各有所宜。成绩只是学生成长的一个方面，并不是唯一，必须尊重差异。三是聚焦课程与教学，科学规范和合理加强教学质量管理，落实"课程育人"。

推进学校内部治理现代化。治理现代化，要有制度、规范、法治、改革和新技术赋能，更要有德治和善治。从我们学校现状出发，有三个关键问题。一是如何建立依法、民主、科学的决策机制和治理体系？二是建立怎样的教师队伍发展与激励机制、师德失范预防与处置机制？三是怎样生成包括环境熏陶、人格感化、风气驱使、价值引领、精神感召和赋能在内的文化育人和文化治理力？作答这三个问题的过程中，必须注意把握三个度，即保持必要的"管制"力度，应内生出"暖心"的温度，牢记坚持"育人"的高度。

要满足"学校利益关系人"的需要。思考学校发展问题必须回答：谁需要学校？为什么需要学校？需要学校做什么？

党委政府方面：社会发展、公共福利和文化传承是学校的职能所在。学校必须主动与上级主管部门沟通、交流。一方面学校可以及时掌握信息、明确争取支持的方向。另一方面让党委政府了解学校在努力按要求办好人民满意的教育，得到对办学的认同，可以在各个方面得到更多的资源和情感支持。

家长方面：成功学校的秘密，在于成功地领（引）导了家庭。我们要改变通常将家长视为一年1—2次报告的受众。中共中央、国务院印发的《深化新时代教育评价改革总体方案》提出，"强化一线学生工作。各级各类学校要明确领导干部和教师参与学生工作的具体要求。落实中小学教师家访制度，将家校联系情况纳入教师考核。"家访，是教育制度，是教育传统和文化。"老师走进了我们的家庭，同时也真正走进了我们的内心世界。"在当下多元化的家校沟通方式中，家访仍是一个最重要也最有效的手段。教师走进学生的家庭，往往改变老师对学生的印象，往往就可能改变一个个学生的命运，往往能增进家校的相互理解。要探索建立校长带头、教师认同、家长期盼和学生欢迎的家访举措。同时，指导家长做好家庭教育，让学校更像学校，让家庭更像家庭。家庭教育是整个教育链中基础的基础，关键的关键。学校提供的是一个公共的、普遍的教育，需按照统一的进度、统一的课程来进行，很难真正有效关注每一个孩子的差异。家庭教育则是个别化的教育；家庭教育是终身性的教育，学校对孩子只是人生的一小段；学校教育总是站在"知识本位"。家庭教育的任务主要是生活教育、人格教育、行为养成教育和关注身心健康，家教育必须站在"身心—德行本位"这边；孩子与家长具有天然血缘关系，这是学校和老师无法替代的。好的家庭教育离不开一个关键词：陪伴。父母的主体责任是责无旁贷、当仁不让的。因此，家庭教育与其说是"教育"，不如说是"生活"。

学生方面：学生耽误不起。每一个受教育者不能重复已接受过的教育，如果学校管理的缺陷不能即时解决，对这些孩子来说，将是终生不能弥补的缺憾，他们将带着遗憾离开学校。我们务必认识到：会成功的人到哪儿都会成功。对于那些可上可下的人，不同的学校教育确实能够带来不同的结果。孩子探索世界的过程也是试错的过程。高中学生正处于人生的关键时期，此时尤其需要教育者在反思自身的成长经历中，尊重教育规律和孩子身心发展规律。一方面关注学生的内心世界，给他们一个倾诉的渠道，另一方面做好教育引导，使之将巨大的青春能量转变为向上生长的动力。因为，"真正的素质教育其实是一种很朴素的追求，也就是清晰一个人应该承担的责任、奠定一种语言与行为的习惯、懂得尊重他人与恪守公民应该遵循的社会秩序、具有创新与创业的意识和能力等。"不断促进学生的发展是学校全体教师的基本责任和良知！

教师方面：我们要力求在个体利益之上促进共同利益。教师不是圣人，是常人，常人有职业规范和职业操守；教师是普通人，不能免俗，但不可妄为。"在要求教师更多地具有爱心、更多地思考如何促进所有学生发展的问题的同时，切实关注与满足其对切身利益的合理寻求，也就成为教育改革在教师心目中获得普遍的'合法性'认可的必要前提。"在给予物质报酬回报与保证教师职业规范和职业操守与鼓励利他奉献精神之间合理兼顾。同时，校长的第一使命，让学校"成为一个成人也能生长、改变和学习的地方"。课改、考改真正障碍性的东西，首先是师资。教师专业发展首先要解决的是让每个法律意义上的教师成为教育学意义上的教师——真正的教师。特别要从可持续发展的高度注重年轻教师的培养。培养他们在课堂教学和班级管理等方面的专业能力，处理技能技术性问题的能力，以及和同事、学生以及家长的关系处理能力。重视新进教师的身份认同，引导他们产生效能感、归属感、使命感。

管理团队方面：需要建立"改变"的文化。改变的方式很多，如行政管控、上级指令、专家指导等。但是，最主要的还是特定的态度品质。这种态度品质存在于具有价值认同和谐温暖的人际关系中，存在于管理团队以身作则的领导力中。所以，建立"改变"的文化，重中之重是管理团队的建设。首先，让教职工看得见管理团队在履职尽责上以身作则，在利益分配上合理合规合情。其次，让行政团队认同："除非你心甘情愿比普通人付出更多努力，全心全意投入工作，否则你永远没资格身居高位"，职位在身不等于人心在握。

**为什么我把发展理解为"不懈怠"？**

"我做了父亲，做了人家的先生，并不代表说，我就可以很自然地得到他们的尊敬。你每天还是要赚来他们的尊敬。你要达到某一个标准，因为这个是让我不懈怠的一个原因。"李安导演这一句话，我认为教育工作者应该感同身受。校长是一个学校自我治理责任的承担者和履行者，也是影响地方社会文化的积极力量。教育，时刻努力成绩不一定明显，稍有懈怠就会出问题。特别是身处不确定性和不稳定性成为基本属性的当下时代。

新时代教育现代化、依法治教和高质量发展，教育政策强供给要求我们不能懈怠。从 2018 年 1 月开始，中共中央、国务院先后发布了《关于全面深化新时代教师队伍建设改革的意见》《中国教育现代化 2035》《关于深化教育教学改革全面提高义务教育质量的意见》《关于全面加强新时代大中小学劳动教育的意见》和《深化新时代教育评价改革总体方案》，中共中央办公厅、国务院办公厅先后发布了《关于减轻中小学教师负担进一步营造教育教学良好环境的若干意见》《关于深化新时代教育督导体制机制改革的意见》《关于全面加强和改进新时代学校体育工作的意见》和《关于全面加强和改进新时代学校美育工作的意见》，2019 年 6 月国务院办公厅发布了《关于新时代推进普通高中育人方式改革的指导意见》。一系列党和国家关于学校教育的决策部署吹起了基础教育创新发展的集结号。

所以，在快速变革的新时代，校长作为一个学校自我治理责任的承担者和履行者，是影响地方社会文化的积极力量，必须不懈怠。

**怎样不懈怠?**

在古汉语中，"管，如箎，六孔"，"理，治玉也"。在英语中，管理的词根是"伺候"（minister）。受《道德领导：抵及学校改善的核心》相关观点的影响，我理解校长也是一种"管家"的岗位，要服务、照料和保护学校、学生与老师。

基于这样的定位，怎样不懈怠呢？首先立足现状在四维角度中追问。民间：学生、家长和社会各界的认可度怎样？时间：历史上何以成名？现在和将来能否继续名副其实？空间：影响力只是在一定范围内得到承认，超过了池州范围还是不是名校？心间："学校不仅意味着教学楼、课程、程序（例如课程表），更重要的是包含许多人群之间的互动与交流。这些合作与沟通如何协调在很大程度上会影响学校目标的成功实现。"我们的学校是这样吗？

其次，立足学校特性，明晰治理思路。学校组织并非单纯的科层制组织，也并非单纯的专业组织，而是一种包含了分层组织、会员组织和专业共同体三种组织要素的开放型组织。基于此，建立一个机制：自上而下与自下而上的工作机制；把握两大方向：文化牵引与面上工作。特别是，"改变"文化的基础是基于大多数教师都是向善向上的，实行微改革撬动大变化。正如李大钊先生所说，"平流并进，递演递嬗，……日新之改进可图"，改善的最佳结果一般来自较小的而又是多方面的努力；实施五三行动，打造三个平台，即风气平台、制度平台和资源平台。运用三类话语，即行政话语、实践话语、学术话语。储备三个资本，即心理资本、人力资本、社会资本。避免三个风险，即安全风险、师德风险、廉政风险。实现三个统一，即坚守与创新、人文与规训、学识与情趣。

再次落实整改，借力发力。中共池州市委第二巡察组 2020 年 5 月对我校党委进行联动巡察的反馈意见指出："整体教学有待提升，2013 年以来本科达线率逐年上升，纵向自我比较虽有发展，但横向比较与省内同层次示范高中有差距，与社会期盼有差距"、"百年名校吸引力下降，2017 年统招生流失 31 人，2019 年贵池区中考前 10 名外流 7 名"、"钱学森班"是市政府与航天十二局签订的军民融合战略合作项目，党委对办好"钱学森班"重视不够，办班机制不完善，示范引领作用有待发挥、"重点岗位干部长期不交流、不轮岗，如教务处副主任、总务处副主任以及工会、团委负责人任职长达十多年"等等。我是 2019 年 9 月才履新池州一中，面对巡察反馈的一系列问题，我内心坚定，不疾不徐，依法依规，主动履行好党委书记职责，变压力为动力，切实把整改转化为改造思想、改进校风、建章立制、提升质量的实际行动。实际上，"问题是难以避免的，它们是我们的朋友，没有它们，我们无法吸取教训获得新的学习"。学校发展的过程就是解决问题的过程。发现和遇到问题，就是发现和遇到提升的空间、机会。经过整改，一共梳理出 65 条具体原因，采取 77 条整改措施，制定和修订制度 41 项，挽回经济损失 32 万元，追责问责 11 人次，学校广大教职工的工作作风和精神面貌都发生了很大变化，校风、教风、学风有了明显改善，社会认可度和美誉度大大提高，2020 年高考在突破中取得不少亮点，常态化疫情防控下教育教学秩序良好。

不懈怠发展学校的所作所为，也得到了教师们的肯定和支持。这是一位一线教师发给我的一段短信留言："校长好！今天听校长关于高三复习的报告，挺有感触。报告多角度分析高考前沿动态，务实新颖，让人耳目一新。同时有感于校长刚刚履新即开始狠抓教学工作，探索新思路，实施新方案，部署新任务。大刀阔斧，痛改顽疾。并身体力行，每日早读晚课坚持到岗查岗。学校上下一股清流正在涌动，这清流是一线老师的积极向上，努力拼搏。在我们看来，校长首先就应该是位学者，能高瞻远瞩，学贯中西，这也是您所具备的品质。相信在您的带领下，我们贵中人会锐意进取，我们的百年老校也终会不辱其名，再次焕发青春，成为人人向往的百年名校。学校琐事繁杂，千头万绪，还请校长多多保重身体！晚安！"我从中汲取了更大的不懈怠的动力。

# 校长的道德领导力

## ——读《道德领导：抵及学校改善的核心》随笔

拜读托马斯·J·萨乔万尼的著作，我是边读边归因，边读边了解，边读边借鉴，边读边体会。其中感触最深的是激发了内心深处的道德情感和如同体验了中华文化传统中的美德基因。譬如，"太上有立德……"，"大学之道，在明明德"，"为政以德，譬如北辰"，"道之以政，齐之以刑，民免而无耻；道之以德，齐之以礼，有耻且格"。这些与书中提出的学校领导具有两个信念异曲同工，即一是维持学校道德的生态系统，二是教育应有深思熟虑的道德意图。

学校的形象和内涵是由持久的价值观、信仰和文化来支持的。办学理念和学校文化等有关价值、哲学问题的思考应当是领导活动的核心内容。教师是文化工作者，实现自我价值的需求非常强烈。对教师的管理以有形或无形的管制模式为主，带着很强的收获人心的色彩。这更加坚定了我建立"我们"的文化和构建"成己成物"的共同价值观的信心。也郑重地警醒了我们：办教育要避免深陷事务主义而难以自拔。

### 认识萨乔万尼及其著作

萨乔万尼是学校道德领导思想领域最有影响的著述者之一。在某种程度上，萨乔万尼就代表了教育领导研究中的"道德领导"。他是当代西方非主流的主观主义教育管理学派的代表人物之一。他出版近三十部著作，提出了领导权威的来源、共同体理论、五种领导力理论（象征力、文化力、技术力、人际力和教育力，其中的"象征力"和"文化力"是提拔学校层次的更关键的领导力量）、领导的生活世界以及领导的替代等理论。最重要的概念是"道德领导"。

萨乔万尼 1937 年出生在纽约州的新罗谢尔伽，祖籍意大利。在纽约州立大学杰纳西奥学院（师范学院）学习；在小学任教；获哥伦比亚大学师范学院硕士学位，在小城巴斯的一所学校任职，在康奈尔大学兼课；在纽约州立大学布法罗学院谋到了一席教职。1963 年，弃职攻读博士学位。1966 年带着罗切斯特大学教育博士学位到伊利诺伊大学的教育管理与监督系就职，从此真正开始了他的学术生涯。1984 年萨乔万尼受聘于三一大学，筹建了三一大学校长中心并出任中心主任，兼任教育领导研究中心高级研究员。1989 年《道德领导：抵及学校改善的核心》面世，完整地提出了学校道德领导的思想，标志着学术生涯期峰期的到来。"本书是一部原生性作品。……成为一个新的学术增长点，甚至由此开辟了一个新的学术领域。"2002 年，萨乔万尼的道德领导理论被系统介绍到我国，很快在我国的教育研究界产生很大影响。

### 认识《道德领导：抵及学校改善的核心》

概而言之，本著作的框架包括一个维度和前提，两种权威，三者联结，四类替身。

"一个维度"是道德维度。作者通过对官方价值观来源、半官方价值观来源以及非官方价值观来源（见下表）的认识方式进行深度剖析，发现在实践中所采取的任何行动中，都存在道德维度。道德、情感以及社会契约共同构成了以道德为本的领导背后的假设。

| 官方价值观来源 | 半官方价值观来源 | 非官方价值观来源 |
|---|---|---|
| 世俗权威（相信科层体系权威）<br>科学（相信经验性研究的结论）<br>演绎逻辑（相信演绎推理） | 感觉经验（相信人的经验）<br>直觉（相信人的顿悟） | 神圣的权威（相信共同体、专业规范、学校规范和理想的权威）<br>情感（相信人的感情） |

作者进一步提出，领导者运用道德维度进行引领的终极追求是使学校达到不治而治的境界，保证"领导者在与不在"都能够激励教师追求卓越。关注学校领导的道德维度，再造学校领导的"概念"，走向学校道德领导。

一个前提是"学校是一个学习共同体"。"学校是一个学习共同体"是萨乔万尼理论中一个基本的理论前提。学校学习共同体的意义可以简单表述为：学校核心价值是围绕知识生产而形成的专业文化、专业理想以及关怀伦理，教师承担的是育人的责任与使命。一旦这种价值观和承诺被共享，学习共同体就能够建立。作者概括了促使学校成员努力工作的三种动机：外在动机、内在动机及责任与义务。外在动机的激励，基于"所能获得的奖赏使（人们）去做"的心理基点，往往与强硬、有力而直接的科层领导方式相关联，强调的是外部的奖赏。信奉这一动机激励方式的学校领导者赏罚分明，但也使下属的眼光变得狭隘，只求"把事情做正确"，而不去考虑"做正确的事"。内在动机的激励，基于"正在得到的奖赏使（人们）去做"的心理基点，往往借助于人格魅力和圆熟的人际技能的人际领导方式，强调人们内在的对工作愉快有趣的感受、对和谐的人际氛围的满意、能获得领导的赏识。就本质而言，还是没有离开下属的"自利"和领导者与下属之间的"交易"。学校领导者给予下属外在的刺激，激发内在动机，虽然是常见的方法，却不能给下属带来持续的激励，无法达成超越期望的卓越表现。当学校成员基于建设学校这个学习共同体所承担的"责任与义务"而工作时，其出发点是"为美好的东西去做"，"做那些美好的工作"。甚至当所做的工作已不再有趣或不再令人愉快时，仍能持续投入，愿意付出额外的劳动。道德的激励已成为其中的主要因素。

两种权威是专业权威和道德权威。作者认为，传统的领导学理论关注三种领导权威：科层权威，心理权威和技术－理性权威。这三种权威都属于"你要听我的"之类领导。教师的回应是被动和消极的，投入是有限的和保留的。虽然必要，但远远不够。作者提出了两种权威。一种是领导者凭借其在领导实践中累积的技艺知识和个人专长所表现出来的专业权威。在专业权威之下，校长给教师提供帮助、支持及专业发展的机会，赋予教师所想所需的自主权。教师对专业规范作出响应，他们的工作成为集体性的工作。另一种是基于宽广的共享价值观、信念和理想所形成的、以义务和责任为表现形式的道德权威。在道德权威之下，领导以身作则，唤起下属的责任心、正义感和奉献精神。教师的投入是基于责任和义务，满怀道德和使命感，付出是发自内心的。教师并不满足于工作和任务的完成，而是追求工作和任务的出色。正是这两种权威，才使教师产生真正来自内心深处的而非外力强迫的回应。每一种来源都是合理的、都应该成为领导实践的部分权威基础。以哪种权威或哪几种权威的组合为主，会给学校造成很大的管理差异。道德权威是五种权威的统领，校长应该将其作为自己领导实践的首要基础。

"三者联结"是领导之心、领导之脑、领导之手三者联结、互动。传统的领导理论过多关注领导之脑、领导之手，对领导之心缺少关注。作者描绘出领导的全景是领导之心、领导之脑与领导之手三方面的结合。即领导之心—领导之脑—领导之手。领导之心塑造了领导之脑，领导之脑驱动了领导之手，对决策和行动的反思又肯定或重塑了领导之心和领导之脑。

道导领导的实施需要构建领导的"四类替身"，即共同体规范、专业理想、充溢的工作状态和团队精神。作者指出，领导替身，指组织中那些"事物"的存在可以减少直接领导的必需性。在学校领导实践中，越是能够提供领导替身，教师和员工就越能达到自主管理的状态。校长的指挥式领导变得不那么必须，是支持者、强化者、促进者和感谢者。自我领导是领导的终极目的，领导最终是为了不领导。正如电视剧《潜伏》中的一句台词，"有一种胜利叫撤退，有一种失败叫占领"。校长领导力的大小，不以校长的忙碌程度为标准。校长看似清闲，学校却一切有条不紊，说明校长领导力高深。

　　我从中深刻体会到，信奉的理念、追求的愿景和共享的价值观，就是对学校作为一种学习共同体的规范的响应。具备相应的能力和美德，特别是能够使人以模范的方式行事的美德，把自己放在服务于学生、家长、学校和学校目标的位置，就是对专业理想的承诺。挑战和技能均达到足够高的程度且两者又有恰当的平衡时，会产生一种高层次的个人乐趣和满足，会增强胜任感和功效感，从而具有对工作的内在满足感，就是充溢的工作状态。"使两个人成为同事的是在一个共同体中的共同成员身份、对共同事业的承诺、共享的专业价值观以及一种共享的专业传统"，人走在一起不是一个团队，心走在一起才是一个团队；一个优秀的团队，不见得每一个人都是各个领域的翘楚，但大家都能够在其岗位上做到适应和掌控，这才是真正的团队精神。


### 校长道德领导力的省思

　　这本著作充溢着哲学的人文关怀，有一种亲切的、似曾相识的感觉。很多自己思想中、实践中模模糊糊的感觉，在这本著作科学专业或平实人文的语句中真切而又透彻地明晰起来，呈现出来。此前，我很注重廉洁奉公、以身作则、踏实肯干和关心下属等一些属于个人道德修养和道德影响力的东西。读后，深知学校愿景、核心价值观、组织文化建设才是最重要的"道德权威"实践。

　　这本著作"长于思辨"，大量新观念有些晦涩难解。难怪译者冯大鸣教授写到，"本书是一部翻译难度很高的作品"，"仍有14处译文不敢轻易落笔，经与萨乔万尼多次联络，求证有关文字的背景后，才得以定夺"。

　　作者是一名温和的批判论者。作者提出，"本讨论的目的并非为了选择某一种方式。所有的方式都是合理的，他们在学校管理和领导实践中均有一席之地：这才是要害"。所以，"道德领导"的提出旨在扩展领导的价值结构和领导的权威基础，为领导实践的权威基础提供一种平衡。

　　我们中国有坚实的道德智识基础和道德实践传统。"我们的使命和我们的当事人应受到我们最好的服务"。阅读本书的一大收获是，我们应将西方学校教育的道德领导主题与悠久的中国传统文化联结起来，满足新时代教育发展需要。

相对于工具性的、以法理为本的治理方法而言，道德作为一种以利他理念为核心的治理方法，是不可缺少的补充手段。法治和德治并行，更能抵及学校改善的核心。治理现代化，不仅是制度、规范、法治、改革和新技术赋能，还有德治、善治。

这本著作的道德领导思想告诉我们，要充分认受：女性风格的领导观对教育管理是有用的。在占据校长职位方面，女性没有充分的代表性，但是在成功的校长中有很多是妇女。学校教育往往具有女性世界的特征。女校长需要自由地体现其本色，无须遵从传统管理理论的原则和实践。

这本著作也有缺陷。第一，道德领导思想建构了一种非常理想的学校管理图景，企图通过思想的力量消弭学校里的控制，具有一定程度的道德虚无主义。如萨乔万尼在其著述中对实践者所面对的"道德两难"问题几乎是回避的。第二，宗教思想的渲染减少了学术魅力，有"泛道德化""宗教化"的倾向，例如，他特别强调教育领导作为"牧师式"的领导发挥作用，似乎并不反对教会学校的良好工作状态是由于"神"的赋权而带来的。第三，主要是从道德维度为改善学校提供实例和理念，围绕领导和下属展开的，没有专题从学生的角度去阐述学校的道德领导。

我们必须反思道德领导理论的适用范围。道德领导实际上适用于学校从运转正常到卓越的进程。新时代要求学校高品质、教育高质量。把道德目的置于重要位置，是学校超越"平庸"而达到一种"卓越"境界的必需。采用哪种领导模式，实际上关系到我们改善的着力点的问题。一个高的着力点会导向以最小的付出获得重大而长期的改善；一个低的着力点虽有大量的付出，但结果却乏善可陈。最高的着力点常常是最不显眼的。改善的最佳结果一般来自较小的而又是多方面的努力。

我特别有共鸣的是这本书中注重自利的广义描述，即在个体利益之上促进共同的利益，增强一切促进总体福祉的因素。意思是要在给予物质报酬回报、保障教师工作岗位的安全稳定与鼓励利他奉献精神之间合理兼顾。学校道德领导的核心在于实践。其实，一些做来不难，但我们做的不多。

# 文以载道：学校的文化成长

# 以办学理念的转化实现文化引领

办学理念是一所学校自主构建起来的办学精神，是学校文化的核心和灵魂。办学理念表征着学校全体成员的信念、态度和行为，增强着全体成员对于学校的认同感，激发着全体成员的行动力和奋进精神，促进着学校对外的品牌认可和交流合作。办学理念在引领学校发展方面发挥着极其重要的作用。

我国现阶段不同学段、不同类型的学校，根据自身的实际情况，在办学过程中基本上都形成了自身的办学理念。理念到行为再到结果，"精神变物质"，存在着一个转化的问题。办学理念引领学校发展的过程，实质上是校长文化领导力的建构和发挥过程，实际上就是办学理念实现二次转化的过程。一是办学理念转化为学校全体成员的信念，二是在此基础上办学理念进一步转化为学校全体成员的自觉行为。但是，在现实中，要更好地实现办学理念的二次转化，并非一件轻而易举的事。很多学校虽然有看似很好的办学理念，但学校成员并未真正认同，与实践中的教育行为往往是两张皮。办学理念无异于纸上谈兵。而在有些学校，成员们也认同自己学校的办学理念，在行动落实上却没有强烈的自觉意识和主动的行为。也就是说，这些学校在实现着办学理念的二次转化，但与办学理念带来理想的办学境界的期望尚有差距，没有实现更好的转化。因此，办学理念的二次转化没有得到更好的实现，是办学实践当中一个比较普遍的现实问题。这其中的原因很复杂，因为教育本身就是一个长期复杂而又艰巨的过程。校长领导力的欠缺应该是其中的主要原因。校长是一所学校的掌舵人，是教育者，更是领导者和组织者。

詹姆斯·M·库泽斯和巴里·Z·波斯纳在其经典著作《领导力》中提出："领导力就是动员大家为了共同的愿景努力奋斗的艺术。领导者的行为是影响员工敬业度的最主要因素。"我们从领导力的角度以校长的反思性理解和校长建设基于信任的"我们"的文化，以及校长从办学实践中又出发为切入点，对此作些思考和分析。

**在自我反思中再理解**

"通过反思更新理念、建构价值、调整行为，是校长核心领导力养成的内在动力和首要途径。"解决办学理念更好地实现二次转化存在的困难和问题，前提是校长应该"行有不得，反求诸己"，以反思自己对办学理念及其建构的理解为突破的原点。

办学理念是教育理念的下位概念。20世纪90年代开始提出"走向理念办学"。新课改以来，办学理念在基础教育领域出现频率一直很高，是学者们关注的热点。各类学校更是提出了精彩纷呈的办学理念。针对办学理念在现实中难以更好地实现二次转化甚至转化效果不明显的现状，校长要追根溯源地反思自己对办学理念及其建构的理解是否准确。

**反思办学理念的本质是否被淡化或异化**

办学理念是办学的哲学思考，是长期统领与支撑办学行为的基本思想和价值观，具有内核性、阐释性和实践性等特征。在现实中，这些本质特征往往被淡化或异化了。

从生成的形态而言，问题大致是四类："没有"办学理念，即没有明确言论，或属于自己独特思考的理念，是一种"崇行政化"的办学理念；"照搬"的办学理念，对自己的学校缺乏理性思考和价值判断，照搬别的学校的一些流行的办学理念；"断裂"的办学理念，指前后任校长之间在办学理念上不传承无衔接，或是办学理念因校长主观意志和内外部形势的变化而发生断崖式的变更；"错位"的形同虚设的办学理念，即办学理念与办学实践不一致，基本上是两张皮。

从存在的形态而言，问题大致有六种："笼统"，没有具体的解释或阐释，不能在课程、教学、制度、管理等方面具体去落实；"肤浅"，对办学理念作了形式逻辑而非辩证逻辑的理解，缺乏对教育规律的把握；"零散"，对办学理念的结构不了解，缺少系统的思考和梳理；"烦琐"，条目过多，杂乱无章，难以识记；"雷同"，没有自己的独特风格，缺乏文化内涵，标语化口号化；"深奥"，表述过于深奥，人们难以理解和领悟。

办学理念的本质被淡化或异化，根源在于校长对其理解有偏差或不深刻。这也恰好从一个侧面说明了办学理念二次转化效果差强人意的原因。

### 反思办学理念是否贯穿复合性的价值观

价值观是行动的指南。"学校核心理念，是学校用于指导教育教学行为与管理经营活动的最高哲学思想与价值标准，是一切办学行为的逻辑起点，是学校文化的灵魂。"所以，办学理念的凝练，本质上是价值观引领和价值观贯穿的过程。这当中的价值观不是一维的，而是多层次的复合体。

首先，一定是符合公共理性的。就是说，办学理念要符合党的教育方针和教育国策，要符合青少年的身心发展规律和教育教学的基本规律，并且还要符合时代对人才的培养要求，体现经济社会发展的变化和要求。其次，肯定是每一所学校提炼的各自的核心价值。它根植于学校办学历史，来源于办学实践，受益于地域文化，脱胎于深刻的总结和抽象的概括，外化为具有统领作用的文化符号，内化为全体成员的行为方式。再次，必须是学校全体成员理念和愿景的复合体，绝不能仅仅只是校长个人的办学理念。学校的全体成员，应该包括校长、教职工、家长、学生，以及社区。由于校长的职责、地位和权威，校长在办学理念的确立中一般都起着主导作用，办学理念往往明显带有校长个人的教育思想、办学主张和语言风格的烙印。现实中很容易把校长个人的办学理念等同于整个学校的办学理念。这就是办学理念难以更好地实现二次转化的重要原因所在。从领导力的角度而言，要更好地实现办学理念的二次转化，校长当然必须明确自己的价值观，找到自己的声音。但是，更要明白和做到：共同的价值观是建立高效的、真诚的工作关系的基础。"如果价值观不能达成一致，领导者，还有每个人，劲如何使到一处？……因此领导者要保证每个人都参与确立共同价值观的过程——揭示、加强、坚持'我们'的价值观，并让每个人都对其负起责任。"

**反思办学理念的建构是否遵循适切的原则**

为了保证办学理念更好地实现二次转化，在贯穿复合的价值观的基础上，办学理念的具体建构要遵循适切的原则。

以下三条原则，应当是建构办学理念过程中的普适性原则和基本的规范性原则。坚持正确方向的原则，即正确的办学理念必须落实党和国家的教育方针、政策法规；尊重育人规律的原则，即办学理念的建构必须分析研究不同学段、不同类型学生身心发展的规律，从学生的实际出发，研究学生发展的需要和可能，助力学生成长；体现以校为本的原则，即应按照郑金洲教授"基于学校""为了学校""在学校中"的观点，从学校自身出发，扬长补短，发挥学校的优势，办出学校的特色，建构具有个性化的办学理念。

从校长领导力的角度，在此补充有利于办学理念更好地实现二次转化的非常重要的另外两条原则。第一，前瞻性原则，即办学理念的建构不仅源自反思过去，立足关注当下，更要向前展望未来。这是因为我们所处的世界本身就是个日新月异的世界，我们学校的方方面面一直在发生着变化，我们要预见在前进中即将会发生什么。一系列的研究表明，关注未来的领导者更能够吸引和激发追随者的努力，凝聚团队，动员集体行动，最大化地创造个人和组织业绩。有前瞻性是人们愿意追随领导者的最重要的特质之一。这就是说，办学理念的建构，一定程度上就是在描绘学校的共同愿景。"组织愿景的最大作用是聚焦人们的能量"，"只有共同的愿景才有使大家持之以恒地为之献身的魅力"。

第二，互动性原则，即办学理念的建构机制是多向的和生成的。如前所述，办学理念必须是学校全体成员理念和愿景的复合体，不是校长个人也不是管理团队一个层面的办学理念。因此，办学理念的建构过程中，必须有学校内部校长、教职工和家长以及学生的互动，有学校与社区、地域的互动，还有学校历史传统与当下现状以及未来愿景的互动。同时，随着时间的推移，学校内部和社会环境、学校的办学实践和思考认识都会发生变化，办学理念也就当然处于动态生成的状态中。而互动就是适应其动态生成的建构机制。

### "我们"在文化中去突围

国学大师钱穆先生说："一切问题，由文化问题产生；一切问题，由文化问题解决。"更好地实现办学理念二次转化的一个突围之处，就是建立和维持一种校长与教师之间"我们"的人际关系文化。"我们"是一个很好地表达和承载团队建设与团队合作的词汇，形成"我们感"是一个重新确立认同感的最佳方式。"在越来越复杂、奇特的世界中，制胜的策略将基于'我们，而非我'的哲学。"

### 理顺办学理念与学校文化的关系

约翰·古德莱德在《一个称做学校的地方》中说道："学校是具有文化品位与精神感召力的场所。"办学理念是学校文化的重要元素，以学校文化为基，又引领着学校文化发展。"办学理念的更新，与校训、校风、教风、学风等构成一个有机的统一整体，会成为学校文化发展、建设中的重要环节和抓手，成功的办学理念也将成为学校发展的隐形助力。同时，办学理念的发展，必须与现实发展条件、与学校发展需要相匹配，要能深深地根植于学校文化的土壤之中，并不断汲取营养，壮大、更新、再发展。"

"办学理念的形成和实施，本身就是一个复杂的、动态的过程，也是内涵不断充实和持续完善的过程，更是一个引领学校文化建设不断改进、发展、提升的过程。在此过程中，办学理念是学校文化系统的核心，是持续变化的动力。"从某种程度上说，学校文化就是学校大多数师生员工已经习惯化了的做事方式和行为方式。导致小学理念不能更好地实现二次转化的因素很复杂，没有建立将办学理念当作共同愿景和共同事业进而自觉去践行的"我们"文化，应该是重要的原因。

**认识学校中的两种文化**

现实中的任何一所学校客观上都存在着两种文化，一种是学校倡导的主流文化，一种是以非正式群体的形式出现的以师生的实际言行表现出来的亚文化。这两种文化是相互制约、相互影响的，这两种文化有可能是一致的，也有可能是不一致的，甚至是相矛盾的。这两种文化的并存、相互作用及其状态、走向构成了更好地实现办学理念二次转化的文化土壤，从深层上制约、影响着办学理念二次转化的深度和广度。当学校的主流文化占据主导地位，或现实存在的亚文化与学校的主流文化相一致的情况下，就会有利于办学理念更好地实现二次转化。当学校的亚文化和学校主流文化相矛盾，甚至冲突的情况下，就会影响甚至阻碍办学理念二次转化的实现，亚文化占据的力量越大，阻碍作用就越大。

这两种学校文化形态并行而不重合的实质就是学校中没有形成"我们"的文化，师生、其他员工与校长之间没有形成伙伴关系。领导不是唱独角戏，领导者是无法独自成事的。对一个组织而言，每一项损耗的存在，几乎都与成员缺乏主人翁意识和责任感有关。在科学认识办学理念与学校文化关系的基础上，在办学理念科学可行的前提下，营造一种使众人行的"我们"文化，创造一种集体主义精神，对实现办学理念最大化转化至关重要。这也是培养校长动员大家为了共同愿景努力奋斗的领导力的契机。

### "我们"的文化建立的关键

信任是团队的命脉，是校长与师生员工关系中的核心问题，没有信任就没有"我们"。校长致力于建立信任关系这第一要事，是形成"我们"文化的关键。

世界上最遥远的距离，往往就是脑到手的距离，嘴到脚的距离。建立信任关系，不应该是校长心里想着很有必要，口上说的很重要，而更应该体现在校长的行动中。

詹姆斯·库泽斯和巴里·波斯纳的《领导力》对于领导者采取行动建立信任关系、营造信任氛围，给出了非常好的建议，校长如能借鉴和落实，肯定会有益于"我们"文化的建立，肯定会改进办学理念的二次转化。具体是：信任先行。领导者如果想获得由信任、协作带来的高绩效，必须在要求他人信任自己之前首先显示你对他人的信任。比如，开放自己，自我披露；对他人表示关心。"每种成功的领导关系都包含了友情的元素"，当人们知道领导者把他们的利益放在心上，关心他们，他们会毫不犹豫地信任领导者。分享知识和信息。领导者要充当知识建设者的角色，用分享所知道的信息和知识的方式展示对他人的信任，增强团队成员之间的相互信任，从而增长团队的业绩。面对面地互动。人与人之间的直接接触，是建立认同、增强适应和减少误会的可靠方式。领导者要创造和找到使人们经常会面互动的机会，增进协作和信任。这在当今时代显得尤为重要。

### 办学实践中再出发

实践的观点是马克思主义认识论首要的和基本的观点。"办学理念是在办学实践的基础上抽象和概括而成的，只有来源于办学实践的办学理念才对实践有指导意义，才是真正意义上的办学理念。同时，办学理念又作用于办学实践，办学实践不能不以办学理念为目的和导向。"从实践中来，到实践中去。更好地实现办学理念的二次转化，落点是校长要从办学实践中再出发。

**考虑办学实践中的影响因素**

任何实践都离不开人的主观能动性。办学实践中影响办学理念更好地实现二次转化的因素很多，从办学实践的主体分析，可以从以下三个层面去认识。

一是以校长为主体的学校成员提出的办学理念是否科学，是否符合学校的实际，在提法上是否简洁明了、是否有创造性。或者办学理念提出后有没有很好地进行宣传和阐释，是否对外宣传多、对内共鸣少。这些都会影响到办学理念能否落到实处，是否有强大的生命力。

二是学校中层的执行力能否达成办学理念所赋予的办学目标和办学愿景。必须明白，办学理念原本就是为执行而凝练出来的。管理学认为，领导力包括思考力、决策力和执行力三种。从学校管理角度看，执行力的主体应主要落实在中层干部层面上。大量的事实证明，中层干部的执行力会直接影响学校决策和制度的落实程度。从某种意义上说学校中层干部的执行力水平，是衡量一所学校管理水平的决定性因素。由此可见，能否更好地实现办学理念的二次转化与中层干部执行力的强弱有着十分密切的关系。现实中有很多学校不能更好实现办学理念二次转化的一个极其重要的原因，是中层干部执行力不强造成的。

三是更好地实现办学理念二次转化的最大和最重要的群体——教师，是否有践行办学理念的内在自觉性。学校需要"指点江山"的人，但更需要"打江山"的人。教师至少在两个方面影响着办学理念二次转化更好地实现。首先是办学理念有没有在师生员工中形成普遍的共识。如果在办学理念形成过程中师生、其他员工参与少，缺乏沟通和讨论，教师对办学理念的认同和转化为教育教学行为的可能性就越小。反之亦然。其次是教师教育理念和专业水平、能力的状况。办学理念的落实必须把课程和课堂作为最重要的平台，这一因素更多地与第二次转化相关联。教师要把思想转化为行为，其实也有执行力的问题，或者称为执教力的问题，师德高尚、理念符合育人规律、专业水平高和课堂教学能力强的教师，执行力就强。一所学校这样的教师越多，就越有可能实现办学理念二次转化的最大化；反之，可能性就一定会变小。

### 统筹办学实践中的转化对策

在对以上影响因素分析的基础上，为了尽可能更好地实现办学理念的二次转化，提出以下对策：

对策一：最大限度提升校长凝练办学理念过程中的专业能力和领导组织能力。办学理念的确立在很大程度上依赖于校长长期的理论积累和实践反思。正如苏霍姆林斯基所说："领导学校，首先是教育思想的领导，其次才是行政的领导。"苏霍姆林斯基以帕夫雷什中学为实验基地，孜孜不倦地钻研教育理论，从理论与实践的结合上研究教育的新问题，提出了"和谐发展教育"。上海闸北中学刘京海在反思批判现实教育弊端的基础上提出了"成功教育"，其核心理念是"让每个学生都获得成功"。校长凝练办学理念的专业能力的增强，关键在于校长善于思考、勤于学习，关键在于专业的培训和专家的指导。校长凝练办学理念的领导组织能力的提高，依赖于校长坚持走群众路线，依赖于校长挑战现状、激励人心和共启愿景。

对策二：设计和落实好办学理念二次转化的支撑点。没有支撑点的办学理念是无线风筝，无法落地生根。支撑点的设计对办学理念更好地实现二次转化是至关重要的。支撑点就是以学校发展规划为指导，不依托规划的理念往往是不可能实现的理想主义；支撑点就是要把办学理念转化为学校制度，因为理念是制度的先导，制度是理念的保障；支撑点就是要以课程教学为载体，教学是实现办学理念的基本途径，以办学理念为指导，统整三级课程和指导改革课堂教学，构建体现办学理念的教学策略或教学模式；支撑点就是要以发展性评价为导向，这是实现办学理念有效转化的保证。

对策三：民主办学。民主办学既是手段，更是目的，它的本质是师生当家做主。越是民主的学校，才会有更多的师生、其他员工更大程度上关注、认同办学理念，才会有更多的教师更大程度上把办学理念付诸到教学行动上去。唯有通过真正的民主办学，才能让教职工理解、分担和分享办学理念，才能把办学理念转化为教职工的信念和行为，深入到每一个人，并多次重复才会成为自觉的行为。

以办学理念引领学校发展，是现代学校管理的必然要求，也是校长通过文化引领学校发展的必由之路。办学理念是在追寻教育理想的过程中动态生成的。它源于办学实践，又高于实践，更作用于办学实践，并在办学实践的检验中不断发展和完善。校长要摒弃"领导力就是某种职位和权力"的观念，要有不可或缺的自我反省的自律习惯，要有描绘"我们"愿景和动员"我们"行动的自信能力，要有领导力就是自己采取的实践行动的自觉精神，从而更好地实现办学理念的二次转化，进而更好地实现以文化引领学校发展。

# 文化的传承、守望与浸润

## ——池州十一中学校文化建设纪实

从 2006 年 1 月到 2019 年 12 月，我作为池州十一中的第一任校长，在此任职了十三年。这段人生中激情燃烧的岁月里，在党委政府的关心、支持下，和全体同事一起奋力将这所学校从中止招生到异地建校再到迁回老校区，发展成了区域内知名度、声誉度和认可度俱佳的初级中学。2018 年 12 月，教育部第二期中小学名校长领航班江苏基地专家进校诊断调研，将池州十一中定位为"是在应试背景下致力于规范办学、追求卓越发展并且比较好地实现学生全面发展的一流初中"。

池州十一中位于 1902 年建校的安徽省贵池中学的老校址，坐落在千载诗人地池州城的清溪河畔，深深打上着江南崇文重教传统的烙印。江南文化发展了中国传统文化中的雅文化，具有清秀俊逸、品性刚毅、崇尚文教和开放包容的文化传统。学校受本土优秀文化浸染百余载，兼之几代人的不懈追求、努力和奋斗，形成了以"善、谨、勤、实"为特质的学校文化传统。我们致力于学校传统文化与地域先进文化的融合与发展，通过创构物态文化和传承精神文化，强化浸润功能，彰显文化合力，推动学校教育变革与影响辐射，力争使每位学子都能满怀雄厚的文化底蕴和昂扬的精神风貌去求知、去生活、去创造。池州十一中学校文化建设及特色凝练与品牌打造就是一次学校文化对地域和自身优秀文化传统的传承、守望与浸润历程。

在初任校长的时期，我的办学治校行走在思考中。学校应该是一个什么样的地方？有人说学校是学生成长和教师发展的平台，我认为还不够全面。我认为学校是一个文化的场，是学生成长和教师发展的平台，是家长进步的平台，是推动整个社会前进的平台。学校发展应该以什么为中心呢？学生、教师、课程和文化这四个要素至关重要。当下以课程建设为中心的声音非常普遍，很多校长讲学校建设时都花了大量篇幅在课程建设。课程建设十分重要且非常必要，从某种意义上来讲是处于特定阶段学校赖以发展的根本。但学校建设究竟应该以什么为中心，应该是一个动态的过程，不同发展阶段学校的工作中心应该是不断变化的，不存在一个固定的模式，而是一个发展的过程。当学校发展到一定阶段后，文化建设一定是学校可持续发展的中心工作。那学校文化是什么？如何建设学校文化？

国内外教育研究者从不同的角度对校园文化的定义做出了各不相同的解释：有的认为校园文化是教师、学生和校长所持有的共同信念；有的认为校园文化是以校园为地理环境圈，以社会文化为背景，以学校管理者和全体师生员工组成的校园人为主体，以群体价值观念为核心的一种亚文化，它既反映文化的一般性，又有自己的特殊性；也有的认为：中学校园文化是学校全体师生在长期的教育教学实践和探索过程中，共同创造和行程的精神财富、文化氛围以及承载它们的活动形式和物质形态；还有的认为：校园文化是以校园为空间，以学校、教师为参与主体，以校园生活、人际关系、精神面貌、价值取向、舆论风气为主要内容，以多领域广泛交流及丰富多样的活动为基本形态，具有时代特点的一种群体文化，是置身于社会文化大背景中的一种具有自身特色的亚文化形态。我的思考是：学校中生长和形成的文化就是学校文化，是教师、学生、校长和管理团队共同赋予学校的一种气质和特质，涵盖物质文化建设、行为文化建设、制度文化建设和精神文化建设。学校文化建设应具有内在的合理性和外在的适应力，应渗透、融入师生言行中、风貌里，与教师发展、学生成长黏合、融合。

针对池州十一中的文化传统和校情，从百年老校、绿色校园、初中学段出发，结合江南文化特质和池州地域文化特色，我将学校文化建设的逻辑起点定位于：

在学校文化一般特质前提下的内在性。内在性，就是不同学校文化资源开发利用都有"自身规定性"。在百年贵池中学"成人之美的向善品格、克难攻坚的向上精神"这一价值的引领下，我们力求校本性和创生性相结合，"本土味"和"个性化"同体现。力图彰显百年老校的厚重，初中学段的灵动，绿色学校的生态，师生家园的温雅。

### 传承：创构物态文化

池州十一中，坐落在 1902 年建校的安徽省贵池中学老校园内，由贵池中学的初中部发展而来，与池州一中一脉同源，二水分流。学校三易其名，一换校区。由于省示范高中评估的需要，贵池中学的初中部在 2003 和 2004 年停止招生。根据市政府要求，2005 年在百牙东路 69 号地块筹建贵池中学秋浦分校，2006 年 5 月投入使用，2009 年 9 月更名为池州市第十中学，2010 年 8 月整体迁至贵池中学老校区并再次更名为池州市第十一中学，2010 至 2015 年与移交给贵池区的池州十中开展合作办学三年，2011 年 7 月被池州市编委会明确为隶属池州市教育局，2014 年 7 月与池州一中正式分设。

对于池州十一中的物态文化，我的构建思路是：静态实体、动态活动、师生言行和风貌三者相融，自然味、孩子味、教育味三味俱全，生态、形态、文态三态和谐共生。

2010 年刚迁回老贵中校址时，两栋教学楼中有一栋建于 20 世纪 80 年代初，因抗震等级不达标被禁止使用，运动场是煤渣跑道，篮球场、排球场和校内道路损坏严重，办学条件十分有限，非常简陋。如何在硬件上进行提升满足日常教学的需要，成为摆在我面前的重大难题。2011 年，争取了 400 万元的教育附加费，修建了标准的 400 米塑胶跑道操场、篮球场、排球场等运动场地。2012 年，借校安工程东风，建成了 1 万多平方米的教学楼和实验楼。2016 年，经过不懈努力，争取到了海绵城市项目，改造了校园的道路，特别是按照修旧如旧的方式维修了建于 20 世纪 50 年代的老贵中图书馆。通过三个重大工程项目的实施完工，校园建设迈上了新台阶。

我以绿色校园为目标，始终坚持每学期建设一点儿，通过小步快走的方式，保持了校园建设年年向前迈进的态势。2019年离任时，学校的物质文化建设已有了相当基础。教学区、活动区、综合区三大区域错落有致。教学区分为南北两片，分别以两幢教学楼为中心，设置功能教室、实验室等，布局合理；活动区以运动场为中心，设置篮球区、排球区、乒乓球区等，功能齐全；综合区以图书馆为中心，设置行政办公区、阅览区、休憩区等，环境雅致。教学条件明显改善，多媒体教室、音乐教室、美术教室、计算机教室、物化生实验室、社团活动室、体育器材室、录播室、多功能综合报告厅和科技创新活动室等一应俱全。

良好的校园环境，优美的文化氛围，不仅能净化师生心灵，陶冶师生情操，促进师生身心健康发展，更是一种无声的育人环境。一位从相邻城市一所学校考入池州十一中任教的年轻教师，在一次聊天时，他这样说道："十一中的环境我特别喜欢，感觉在这样的环境中对自己的整体状态都有十分积极的影响，身处其中，处处感受到的都是美，历史的厚重感让我发自内心地喜欢这里。"

绿色校园。让环境说话、让实景育人，是校园建设的重要作用。池州十一中先后被评为全国绿化模范单位，安徽省绿色学校。校园内共有68种不同的乔木或灌木，每种植物上都挂有铭牌，除了植物简介外，还有精心摘选并经过池州学院古汉语文学专业教授审定把关的咏吟这种植物的古诗词。我因势利导，组织语文教研组和生物教研组联合编写了校本教材《遇见绿色校园》。

校史沿革墙。建在学校大门内侧的校史墙，见证岁月，述说变迁，传递情怀。池州十一中在时代的变迁中，历经校名变化、学制变更和校址变动，也在传承与创新中焕发青春。现有的办学规模是52个班级，2900多名学生，180多名教职工。有特级教师2人，正高级教师2人。办学质量一直是池州市初中学校的领跑者和标杆。透过历史的眼眸，站在岁月的肩膀上眺望，有说不完的故事，这座已有120年历史的校园，一直不变的是育人的情怀。

百年九鼎。它是由安徽省贵池中学第59届校友、南京大学建筑与城市规划学院教授鲍家声先生精心设计的。"百年九鼎"的寓意是"九"为中国文化的最大数，象征无数；"鼎"为传国之宝器，喻为栋梁之材；底座呈"X"形，象征探索未知世界的奥秘；顶端的流水象征知识的泉水，源源不断；喷泉如火炬，象征引导人类走向光明璀璨的知识火把。

柱础和旗鼓区。百年九鼎与勤学楼之间，用心安放着一排石头柱础和旗鼓。没有新的资源，可以有新的组合。池州十一中校园内共有8种形状的柱础90多个。最东边和最西边的柱础，就是2012年建设勤学楼时，地基开挖时挖掘出来的。我因地制宜，以校园内的石柱础为素材，组织历史教研组编写了校本教材《遇见百年印记》。勤学楼前有一口古井，所处的位置是学校原来的食堂所在地。这口井1949年之前就开始使用，在没有自来水的年代，是学校饮用水的主要水源。2013年，我们对水井进行了彻底的清理，并在井旁立了一块刻有"饮水思源"四个大字的石头。保存了这口水井，也就留住了校友们的记忆。

勤学楼。这是进入校园迎面而来的第一栋建筑，也是七、八年级的同学们学习文化课的场所。正面中央悬挂的校徽是2014级13班的唐颖同学设计的，是从众多学生设计的校徽方案中公选出来的。校徽由两个图形——凤凰和钢笔组成。凤凰环绕钢笔，意指学校的办学以促进学生的成长为基点。凤凰尾部的分叉象形"11"这个数字，凤凰环绕形成的椭圆与斜立的钢笔构成"中"字，二者组成"十一中"的校名。校徽的外环是一圈银杏树叶。银杏是池州十一中的校树，古老且价值高，寓意着十一中悠久的历史和优良的品质。大楼正门两侧悬挂的是路梓妍同学书写的"为善最乐，读书便佳"的牌匾式对联。这句话出自宋代朱熹题写的书房联，意思是：做善事是最大的快乐，勤奋读书就能养成佳美的人格。这暗合着学校"向善向上"的办学理念。勤学楼共有五层，一共三十个教室。这里的每一间教室都呈独特的六边形，造型独特，教室中间空间大，保证了尽可能多的同学坐在中间听课。每间教室外墙上都有前后两块标牌，一块展示班级文化，一块展示团队建设内容。

紫藤长廊。紫藤在国际礼仪中，表示热烈欢迎的意思。勤学楼和广学楼之间建有一条紫藤萝林荫道，两侧柱子上有六副对联，是我从历代吟咏紫藤的古诗中挑选出来的，是通过在学生们中征集和评比出的一等奖作品。自南向北，六副古诗对联依次描写的是紫藤的根、枝、叶、花和果（皂荚），最后一幅"不受风尘染，偏沾雨露香"，点悟了紫藤的品质。

广学楼。第一层精心设计为学生书画摄影作品展示专区。楼内是音乐、美术、信息技术和舞蹈等功能教室。广学楼，正如其名：在这里学习的知识是非常广泛的，这里还有心理健康咨询室和心灵氧吧，随时欢迎在学习和生活中遇到难题的学生向心理健康老师寻求帮助。

多功能厅西走廊。在勤学楼和广学楼之间有五层连廊，一楼连廊柱子上悬挂的是描绘劳动的古诗词，二楼至五楼连廊柱子上悬挂的分别是描绘春夏秋冬四个季节的古诗词。

乐学楼。又称小红楼，是建于1952年的老贵中图书馆，是池州市人民政府挂牌的9个第一批历史建筑之一。小红楼正前方的一堵墙，自西向东18块浮雕和18块石刻说明，展现的是以"百年贵中，与时俱进"为主题的贵池中学自1902年建校以来的百年校史。展现的不单单是贵中的悠久，更是它源源不断的生机和力量。值得一提的是，其中还有当时任中华民国临时大总统的孙中山先生有关保护贵池高等小学堂图书仪器的手谕。

林荫道休憩区。幽静清雅的林荫道两侧也是各种形状的柱础的集中展示区。这里还有随风摇曳的竹林、高大挺拔的水杉和清新可爱的蘑菇亭，以及温顺灵动的母子鹿、萌态可掬的熊猫一家三口的塑像相映成趣，错落有致。这里多数角落都能成为孩子们阅读、交流、写作业、玩游戏甚至发呆的地方。新老图书馆的连接部分，改造成了阳光房式的阅览室，是阅读思考之处，也是小憩谈心之所，还可以开办讲座或交流研讨。

天琴池。原先是贵中校园内的一个泉水活水塘，在没有自来水的年代，是师生们洗衣服充满捣衣声的快乐小天地，因为它的形状像极了一架钢琴，所以建筑师就别具匠心地将它设计成了现在的天琴池。每当学校举行大合唱比赛、艺术节时，这里总是人声鼎沸、热情洋溢、嘹亮的歌声在这架"钢琴"旁久绕不绝，共同唱响青春之声。

善学楼。穿过幽静的林荫道休憩区和天琴池，就来到了善学楼。这里一至五层是九年级师生的办公室和教室，闹中取静，在这里可以找寻到一份久违的宁静，思绪随风飘荡，在这里学习真是难觅其二。

运动场。配备有足球场、篮球场、排球场、羽毛球场、乒乓球桌等运动设施，体育课、课外活动、社团活动在这都能看到同学们的身影，展示着浓浓的青春风尚。篮球场中间有一颗古老的栾树，多次修建运动场地，一直想方设法保留着它。运动场北面的围墙，因为学生经常在上面涂画，学校因势利导，就此设计为定期粉刷更新的"涂鸦墙"，成了孩子们个性抒发的场地和校园里别样的风景。

大樟树。运动场外有一棵亭亭如盖的古樟树，也是学校历史的见证。为了保存这棵历经沧桑的古树，我力主修改了广学楼和勤学楼的设计图纸。树旁立有一块"傍百年树　读万卷书"石头，这是借用朱熹为庐山白鹿书院题写的对联。百年校园中的这块石头、这副对联和这棵樟树，非常般配、非常贴切。

池州十一中的校园春来桃花争艳，夏日榴花似火，金秋丹桂飘香，冬令蜡梅吐蕊。校园处处花木扶疏，时时浓荫遮掩。幽竹点点樟松翠，玉兰似莲杜鹃艳。藤架花圃，石础石鼓，亭台水池，错落有致。听书声琅琅，分明是校园，看处处青翠，又好似花园。

学校环境是师生最直接、最具体、最熟悉的生活体验场所，蕴藏着极为丰富的教育内涵，是一种潜在的教育因素。我们体育组的赵兵老师如此说道："刚来到这所学校，学校普普通通，教学设备也不怎么样。虽然教室够宽敞明亮，但那时班班通都没有。400米煤渣操场中间长满了杂草。但如今，当你走进这所学校时，总免不了眼睛为之一亮。教室窗明几净，走廊文化氛围浓厚，各个功能教室井然有序。校园的文化日渐丰富。走进学校，就像走进一个书香门第。学校不仅注重环境，更注重内涵发展。如今，在汪校长的带领下，学校处处充满了生机与活力。我们这些与学校共成长的老师们，在学校快速行进的汽笛声中，目睹她的前进，同时也不断地完善自己，走向成熟。"我主张人与自然的和谐相处，彰显灵动和神韵，突出润物无声。在校园醒目位置突出办学理念、校训、发展愿景、校风、教风、学风、名人名言、宣传标语，无时无刻不在激励师生努力拼搏、积极向善、迎难而上；在教学楼、办公楼、大厅、通道、楼道，处处展示着学生的美术作品、摄影作品、书法作品等，为他们提供展现才华、发展个性、实践创新的平台，使学生在欣赏中陶冶情操；在每一个教师办公室门前，展示优秀教育工作者的榜样事迹，人生感悟，工作经验，无时无刻不影响着教师们的思想、情绪和情感。

在赋予实景深厚内涵的同时，洁净和美化校园环境也是重要工作内容。学校将环境区划定后，分包到班履行责任，坚持每日早中晚一小扫，每周五一大扫，做到天天有保洁，周周有清理，同时坚持检查、公布和月评比。重要区域完善的排水、排污渠道，楼前楼后的分类垃圾桶，固定的人员清理卫生也必不可少。同时开展以"保护环境""绿色校园"为主题的班团队活动，引导学生树立绿色环保、珍惜公物的理念，使学生自觉地参与到校园建设的实践活动中。

### 守望：建设行为文化

从2006年1月任安徽省贵池中学副校长兼秋浦分校（池州十一中的前身）校长，主管一个独立校区开始，用教育家精神办学是我的一个梦想，在区域内成就应有的精彩是我一直的追求。担任校长，是组织和老师们莫大的信任，更意味着巨大的责任和极大的考验。这所百年老校的金字招牌必须越擦越亮，必须要做池州基础教育中的领头羊。但是，百年老校有着深厚文化底蕴和优质教师队伍的同时，存在着诸多的遗留问题和现实的障碍。做校长既要考虑来自社会、上级的需求，又要把握教育规律，还要与学校实际找到结合点。

我在秉承历任校长好传统的基础上，寻找到了四个字——"行动智慧"。行动智慧是对学校管理的战略思考，是对教育规律的认识，是处理好各种具体问题的艺术，在处理好各种具体问题中运用到的小智慧。校长的小智慧不是耍小聪明，而是经过科学缜密的辨析、判断以后，采取的善作善成的行动。我对学校各方面的工作、每一项活动，都注重过程与结果的统一，以优化的过程去争取优化的结果。如学校管理如何增效、教学研究如何深入、教学流程如何运作、德育活动如何开展等等，都要精心设计，环环相扣，层层推进。还有来自社会和上级的需求，学校发展的外围空间和社会资源等实际问题，都需要"即兴发挥""随机应变"式的小机智。

教师和学生是学校的主体，他们的言行举止、待人接物、行为习惯都是一所学校行为文化的重要表现，要建设好学校行为文化，必须在管理艺术、队伍建设和教育教学上不断突破。

管理团队是推动思想落地见效的基础，在办学进程中，逐步搭起校长，分管副校长、办公室、教务处、学生处、总务处、团委（少先队）的组织架构，又先后召开教代会和党员大会，组建了工会和党总支。并始终倡导学校行政管理团队在工作中锻炼和培养自己的政治意识、全局意识、责任意识、法律意识、服务意识、学习意识、合作意识、创新意识、廉政意识、质量意识；管理团队之间做到相互学习、相互交流、消除隔阂；管理人员和教职工之间做到团结一致、主动关心、民主和谐。日常工作实践中，各部门之间既职责明确，又相互依存。一事当前分工协作，杜绝相互观望、相互拆台的现象。班子锻炼成了一支在教职工中享有较高威望，具有很强执行力的领导集体。

梅贻琦说："所谓大学者，非谓有大楼子谓也，有大师之谓也。"一所好学校的根本是有一批优秀的教师。为加强各层面教师的培养，建立教师与学校发展的"共同体"，实现教师与学校的共同发展，制定了教师专业发展规划方案。对新进校工作1—3年的职初教师，着重解决他们的技术性问题，即新教师在课堂教学和班级管理等方面的专业能力、技能；交往性问题，即新教师和同事、学生以及家长的关系处理；人格性问题，即新教师的职业心理状态。培养他们"一个认同、三感和五种能力"：一个认同是身份认同——"大家知道我们是谁"；"三感"是效能感（确认自己是做教师的这块料），归属感（与同事是在一起的同伴），使命感（用坚忍和善心将激情、理想转化为工作追求和学习动力）；五种能力是站稳讲台上好课的能力，师生交流和家校沟通能力、班级管理能力、个别化辅导能力和运用现代化教学手段能力。中青年骨干教师的培养，加强科研与教学的整合，实现教师由经验型向科研型转变。引进竞争激励机制，鼓励冒尖，使骨干教师实现业绩认同——"大家认可我们名副其实"。资深教师的继续提升，在实现品质认同——"大家佩服我们数十年如一日"的同时，注重鼓励和支持他们向特级教师、正高级教师等高层次教师发展。

注重教学常规工作的有序开展，不断推动学校教育教学质量稳步提升。

抓实班级管理。我校班主任坚持"一早二跟三谈四反思"的工作模式。一早，就是早上和下午到校要早，以便管理学生和考勤学生出勤。二跟，就是跟班观察学生，升国旗、做操、运动会和集会，班主任要全程跟踪。三谈，就是根据观察有针对性地找学生谈话。对不同层次的培养对象要定期找他们谈话，学生的奋斗目标、生活指导、学习方法的传授、心理辅导、为人处事以及文明礼貌是谈话的主要内容。而不是学生违纪才找学生谈话。四反思，就是对自己的工作分阶段反思，以改进工作方法，提高工作艺术。其次，坚持牧羊人原理带班。对行为偏差生，友善对待，稳字当头，耐心第一，不离不弃，最大限度地使他们能跟上班学习。每次考试以后，学校分析成绩不仅统计各班优秀数，而且还统计总得分率 60% 以下的学生数，并且与上一次考试进行比较，以引导班主任做好差生的转化工作。再次，上好班会课。充分发挥学生的主动性，把讲台让给学生，使班会真正成为学生的会议，班主任在掌握学生的思想状况后加以总结，这样学生更容易理解校规校纪，逐渐自律，增强了教育效果，减小了管理难度。

抓牢教研组工作。实行教研组精细化管理。每学期初教务处组织各教研组制定翔实的教研组教研工作计划，并将各教研组的具体教研工作安排写入学校行事历中，并实行学校周行事历制度督促落实，抓实学校教研工作。根据各教研组人数不同、学科特点、教学实际，量化教研组活动项目和具体要求。行政干部和教研组长每学期听课不少于 10 节，每学年开设公开课 1 节或作一次专题报告。市级学科带头人在 2 年任期内，至少开设一节公开课，每月听课 2 节。非高级职称和校聘教师每学期听课不少于 8 节，且每学年须开设公开课至少 1 节。高级教师每月听课 1 节，且每两年开设公开课 1 节。各教研组的研讨课、主题讲座、专题研讨等活动不少于每月1次，其中集体备课必须有一次，同时做好会议记录和资料收集整理工作。每学期期末，学校教务处统一检查。

注重教学与评价的各个环节。教学质量的提升离不开每一位教师的辛勤付出。学校抓实教育教学环节，严格规范备课、上课、作业、评价等各个环节。要求每一位教师课前必须精心备课，年轻教师必须写备课笔记，并于期中、期末各检查通报；要求全体教师围绕课标、依据课本、结合学情扎实上好每一节课，提出"讲想练炼结合"推进高效课堂建设，着力提升课堂效率，重视并提高当堂练习的效果；学校主张减负增效，通过高效课堂建设，减轻学生课后的作业负担，学生课后作业布置始终坚持难度适中、数量适度、分层要求的原则，并要求学生作业，有布、有收、有批、有评；教学检测与评价，实行统筹安排、精细分析，每次考试监考，都作统筹安排，监考要认真，巡考要到位，阅卷要客观，统分要准确，分析要深刻，评讲要细致，让每一次考试都能考出真实水平、反映真实学情、提供真实数据，明确正确方向。

开齐上足国家课程。国家课程是国家意志的体现。顶层设计的每一门课程对学生的成长和发展都有其特殊的价值。我们一直坚持努力开齐上足教好义务教育课程方案规定的课程，做到中考学科与非中考学科一样评价同等重要。

开实上活校本课程。着眼于学生的全面发展和长远发展的需要，在严格开齐上足国家课程的同时，积极开实上活校本课程。在师资总量不足的情况下，通过外聘和兼职等方式配齐配足非文化课程教师，体艺教师增加到17位，心理健康教师2位，信息技术老师3位、硬笔书法老师3位，从而真正做到了师资力量有保障、教学管理有要求、课程设置不虚假。

2014年，为保证实现标准班额，在团队的支持和理解下，顶住招生火爆的巨大压力，将在校生人数由池州市第一降为第三。周全谋划，阳光操作，在池州市第一个实现了七年级新生公开均衡分班。这一举措的意义对于我校的可持续发展是不言而喻的。根据初中学生差异性大和均衡分班的实际，倡导教师坚持分段式小步走和讲想练结合的课堂教学策略，做到"五个好"：课上得好、题选得好、个别辅导做得好、时间使用得好以及师生关系处得好。以"德育主题类课程＋学科主导类课程＋体艺类课程＋生活类课程"为课程结构，构建校本课程框架。编写了7年级语、数、英三门学科的拓展型校本教材和《遇见美好》系列5本校本教材：《遇见向善向上》《遇见诗意池州》《遇见绿色校园》《遇见池州节气》以及《遇见百年印记》。在有偿家教、教辅资料、师德建设和廉洁从教等方面态度鲜明，建章立制，有错必纠。用自身的办学实践证明：没有专门的素质教育，执行好国家课程方案就是素质教育。在池州市率先开展八年级学生全员研学旅行；坚持在七、八年级开设音乐、美术和信息技术课程；坚持开足非中考学科的地理和生物课程并与中考学科同等考评；2006年，在池州市第一个招用编制内的专业心理健康老师，并坚持在七年级开设课程；2015年开始，通过外聘教师的方式在七年级开设了硬笔书法课；开发了七年级语、数、英三门学科拓展型校本课程；学校文体节从跳绳比赛到英文歌曲大赛，从"校长杯"足球赛到硬笔书法大赛，从大合唱比赛到诗词大会，从广播操比赛、篮球赛到书画摄影作品展，历时一学年，精彩纷呈；按"品行优秀""学习勤勉""文明礼仪""学习优秀""文体优秀"五大类别，多维度、多层面表彰优秀学生，受奖面达到30%；成立了"旋风"足球队、"十一"创新社、"樟树下"动漫社和"天琴"音乐社等学生社团。"旋风足球队"多次勇夺池州市校园足球联赛中学组冠军。"十一"创新社成绩十分突出，在全省和全国青少年科技创新大赛中多次获一等奖。特别是，2016年8月，叶佳恒同学的《泥石流预警系统》在第31届全国青少年科技创新大赛中，获"创意之星奖"；2017年甘肃同学获"皖新传媒杯"安徽青少年科技创新大赛一等奖，并获得"以色列创新之旅"营员资格。2017年朱宇轩同学荣获安徽省首届校园读书创作活动特等奖。学校也因此获得了池州各界的认可和好评：池州十一中活动开展得多、课程开设得齐、学业负担相对轻、学生同等分数进入高中后综合素质较高和发展潜力大。

伴随学校发展的过程，对行为文化建设的理解也不断深入，越发透彻地看到行为文化的根本是队伍建设，队伍建设的根本是教师发展，教师发展的必然结果是学生得到发展和管理的服务性逐渐加强，而教师发展的核心是对初心使命的认同。智能时代已经来临，未来的孩子们究竟要面对一个什么样的世界，我们谁都无法准确预言。机器的能力无限靠近甚至超过人的水平，把人教育成机器的样子失去了意义，让一位初心向善的老师去影响学生，就是对其最重要的教育方式。要相信教育的力量，相信只要找到合适的方法和路径，每一位学生都能够实现他们的自我价值。有些教师可能会说："我选择一个职业，从事一项工作，并没有那么多的思考，我的使命感从何而来？"但是当教师了解中华民族要站在更大的历史舞台上思考人类的未来，要承担中华民族伟大复兴的社会责任，实现伟大的中国梦，教育者责任重大，这样的教育人生才没有遗憾，才有价值。

### 变革：制度文化创新

在统一全校教职工、学生的思想和行为方面，学校制度文化有着极其重要的作用，扮演着无可替代的角色，是校园文化健康发展的力量源泉和重要保障。它包含刚性制度、柔性制度和隐性制度。刚性制度是形成文字的规范和准则的基本制度，规定了框架和边际；柔性制度则更多地体现了人文关怀，既保证了一定的行为规范，又尊重个体差异；隐性制度则是一些长期坚持且行之有效，达成共识而自觉遵守的做法，更多时候是一脉相承的。可以理解为在刚性制度划定的区域内，隐形制度和柔性制度有着一定的自主发挥的空间，三者和谐统一地发挥着治理学校的功能。

基本制度的制定，首要满足的条件就是符合国家法律法规和政策规定，具有规范性、权威性和强制性等特点，既是辨别是非、区分善恶美丑的标准，也是约束行为、引导思想的方向。新校伊始，制度建设一片荒原。老贵中的制度并不适合这所年轻的学校，拿来主义明显是行不通的。在办学实践中，如何保障教育教学秩序？怎样整合并用好办学资源？如何实现质量稳定与特色打造的有机结合？我们只能因地制宜地制定并不断完善。十多年的时间里，根据相关法律法规和规定，结合学校实际，按照民主集中制的原则，制定实施了《岗位设置实施方案》《奖励性绩效工资分配方案》《校务公开实施细则》《教职工请假与考勤管理有关规定》《行管人员和教职工问责制度》《工会探视慰问教职工若干规定》《教学安全制度》《教职工年度考核实施办法》《出差管理暂行办法》《公务接待管理办法》《教科研经费使用管理制度》《九年级教学质量奖励方案》《关于严格教辅资料征订的规定》《教学常规管理制度》《学籍管理规定》等学校规章制度，并汇编成册。同时，制定实施了《学校安全工作制度》和《学生手册》并汇编成册。制度的建立健全，有力地推进了学校的规范管理，调动了教职工的工作积极性，增强了教职工的责任意识和规则意识，为学校的发展和办学质量的提高提供了强有力的制度保障。

教师征订教辅资料的情况较为常见，其中一些是必要的，也有一些是不完全必要的，我们的解决方案是坚决落实"一教一辅"的规定，在学校和教师两个层面做出相关约束。校长带头学校管理团队以身作则，做到绝不统一征订或变相推销任何资料，绝不乱收或搭车收费。教师确因教学需要可以建议或指导学生征订有关学习资料，但必须做到：一是坚持实用、自愿、节约和非营利的原则，本着对学生高度负责的态度，根据教学的实际需要，通过《致家长一封信》《资料征订明细表》或家长会的形式，取得家长书面或当面同意后再建议或指导学生征订；二是推荐的资料仅限于习题作业或测试卷类，不允许推荐征订辅导类书籍、词典或音像制品等资料；三是七年级只有语文、数学、英语三科，八年级只有语文、数学、英语、物理四科，九年级只有语文、数学、英语、物理、化学、政治、历史七门学科可以征订一中习题作业或测试卷；四是做好推荐老师姓名、资料名称、价格、支付方式等情况的记录。同时要求所有学科尽可能地减少作业量，在提高作业习题的质量、分层习题上下真功夫，能在校园内完成的绝对不出校门。规定得到了绝大多数教师的理解和支持，维护了教师和学校的社会形象，减轻了学生过重的课业负担和学生家庭的经济负担。

奖励性绩效工资考核分配是教职工关注的热点，更是学校工作的难点。我们的指导思想是热点问题一定要公开透明，难点工作必须民主决策。我们坚持将绩效工资和教职工的实际工作岗位、工作数量和工作质量紧密挂钩，体现多劳多得、优质优酬，合理拉开档次，适当向班主任和教学一线人员倾斜。结果是按照工作量津贴、考勤津贴、年度安全质量奖、教科研成果奖、教学质量奖等内容进行分配。同时考虑到了教学类、管理类、教辅类的岗位区别，考虑到了非中考学科、毕业班、班主任、学校活动等实际情况。在多层面征求意见和反复推敲修改的基础上，教代会高票通过。考核分配方案实施以后得到了教职工的认可，促进了学校的高质量发展。

职称晋升事关教师最切身的利益。我们坚持科学设岗、宏观调控，坚持优化结构、精干高效，坚持按岗聘用、合同管理，坚持平稳实施、稳步推进的"四个坚持"原则实施和聘用。在上一层级岗位出现空缺时，首先进行校内公开测评，通过量化指标和分值累分，积分高者优先申报。用测评和绩效分数说话，加强了过程管理，促进了教风和校风。公正、公开的机制更是避免了矛盾，营造了融洽和谐的人际关系、团结互助的校园环境。

时代在进步，学校的发展环境始终在变化，发展理念和发展方式也随着环境的变化而改变。提高管理水平与效益，维护学校、教师和学生各方合法权益，依法建设现代学校制度的内在要求却始终未变。随着时间的推移，制度的有效时限又出现在了我的面前。教师关注的热点问题，如职称晋升、评优评先、奖励机制、职务晋升等制度又面临着新的情况。对原有制度的修订，成为进一步深化制度合理性的必然选择，但我日常管理文化的核心理念不曾改变。立足学校实际和池州教育实际，与时俱进，依法依规集思广益，坚持刚性与弹性结合、制度化与人文化互显，相关制度几经修订又迸发着助推学校发展的活力。

2015年，学校通过了《奖励性绩效工资考核分配方案（修订稿）》，2018年教学质量奖又增加了修订条款，针对实施过程中发现的问题做出了调整。我校在建校初期，连续三年进行了教师招聘，进校的教师年龄差距不大，在职称晋升方面竞争格外激烈。2011年制定的《岗位内部等级晋升竞聘实施细则》在2015年和2018年又进行了修订。进一步细化、完善的细则，既对工作提出了指导性，又有利于教师的个人专业化成长，制度引导的作用得到发挥。

在理想状态下，制度应该是"适当的紧张，但没有压迫感"。现实反馈也有可能是截然不同的，有的教师确因身体状况、家庭等原因，都会在一定阶段遇到一些困难。理应坐班的他是否可以在某一时期弹性坐班？教学过程流畅、效果突出的教师有翔实完备的电子教案，是否还有必要提供纸质记录？家校之间创新形式的视频沟通是否可以降低家访的频次……通过不断的思考，如何在刚性的制度下柔性地实施，杜绝因严肃的规章制度造成教师受压抑现象发生，营造一个如家般的温馨校园，让教师得到自由施展才华的空间，没有束缚感，显得十分必要。但多一分则溢，少一分则缺的艺术，如何把握度，由谁来把握，也是一个课题。我想一切基于彼此的关心和信任，是走好这根弦的关键。

制度建设伴随着学校管理的全过程，也是发现问题、解决问题并建章立制的过程。教师是作为一个特定的群体，有着相对较高的文化素养和追求，自我价值实现的需求是很多教师精神世界里最为看中的一块。在研究制定制度的时间里，多听取不同年龄、不同学科、不同性格教师的意见，可以极大地避免产生过于生硬、难以实施的条款。让教师参与到制度设计中，尊重他们的意见，使学校真正成为一个互相学习、互相理解、互相支持的团体组织，这种境界是刚性思维所不能达到的高度。所以，必须是柔性制度和刚性制度相辅相成。没有绝对的柔性制度，它是依附于刚性制度之上的人文关怀。刚性制度也要柔性实施，好的隐性制度大力宣传，不良的隐性制度摒彻底弃，也许就是最合适学校的制度文化了吧。

除此之外还有一些隐性制度，既没有形成文字，也不是口头要求，但它们在教师之间真实存在、彼此影响。学校实施了蓝青工程，给每一位新进教师都配了有经验的指导教师，要求指导教师帮助新进教师提高其班级管理能力和教育教学水平，一些传统做法就得到了传承。预备铃响前教师就到达教室门口；有听课人时，请听课人先行离开；平等地和家长交流对话；把课堂教学常规视作生命的一部分……这些师徒之间存在的隐性制度实际上营造了终身学习和可持续发展的氛围。

制度的制定只是学校制度文化的前半部分。写好后半篇文章，首先，要注重管理的作用，强调严格执行，一旦在落地过程中松松垮垮，虎头蛇尾，制度背后的价值观和理念就难以实现。其次，制度也需要校本化发展，校本意识的制度体系是维系学校持续高效运转的基石，一条条看得见、摸得着、用得上的边界，也是"依法治校的自主化发展"。再次，规章制度也需要好的宣传，一些时候一部分群体对一项制度的理解可能会有误区，甚至会反感和厌恶，导致制度的权威性受到挑战，这种不良趋势会扩散得很快。让全体教职工、学生和家长在多形式、立体化的宣传下及时准确掌握制度，也是制度文化建设不可或缺的一面。最后，制度不能仅仅体现管理和惩罚，对师生的激励和褒奖理应成为制度的一部分，能够引导师生自觉投身社会主义核心价值观的践行中去。

### 浸润：精神文化重塑

校园精神文化应该兼具"由内而外的魅力"和"由外及内的风采"。学校文化建设应尽最大的可能为学生成长和教师发展提供机会、支持和条件，让师生有责任感、归属感和成就感。

我们引领教师追求"三个认同"和做到"五个好"。我们老师的归属感很强。如我们数学组的王宝英老师写道："自 2005 年进入当时的贵池中学秋浦分校，如今的池州市第十一中学，到现在已有十三年了，这十几年来学校几迁校址，几更校名，我亦由一名任教不久的年轻教师逐步成长为教学管理方面有满满收获的高级教师，……如今的十一中历经沧桑，接受一个又一个挑战，但仍坚持自己的办学理念和特色。我们亦与十一中朝夕相处，荣辱与共，十一中是我们心灵的港湾，成长的摇篮，温暖的家园。"

我们老师的教学理念立足于学生的长远发展。如我们物理组的冯少群老师在一课的教学设计思想中写道："我相信我的学生将来一定有科技工作者，有大学教授，甚至科学家。若干年后，他们在搞科研的时候，会不会有来自于当年我在教学时给到的一点儿灵感、一些启发呢？我经常在思考，学完这些课程学生得到了什么？应该是思维方式和解决问题的办法"。

我们非常注重活动文化，以"丰富体验·健康身心·助力成长"为宗旨，开展形式多样、精彩纷呈的学生活动。每学年举办文体节、元旦游艺活动和秋季体育运动会，七年级广播操比赛和跳绳比赛，八年级"校长杯"校园足球赛、汉字听写大赛、英文歌曲大赛和物理知识竞赛，九年级篮球赛。率先开展七年级新生入学队列训练和八年级全员研学旅行课程。建有"十一"创新社、"旋风"足球队、天琴音乐社、樟树下动漫社、灵动舞蹈队、"绳彩飞扬"社、薪火篮球社和清溪文学社8个学生社团。

学生的肯定，是学校文化价值的最好检验。一位就读北京大学的2012届毕业生寄语母校："于十一中，我收获的不仅是通往人生新阶段的机会，不仅是与同学师长的深厚情谊，还有一份坚韧不拔、为信念而战的精神"。现在香港科技大学读大二的一位2014届毕业生这样说："当我刚踏进十一中的时候，心里没别的，唯有骄傲。现在回想起来，意识到一所百年老校能给予一个懵懂的初中生的，不仅仅是那微不足道的荣誉，更是百年沉淀下来的底蕴：求实与薄发。严厉里包含深沉关怀的老师，可爱友善并互相竞争的同学，可亲友善但感觉遥不可及的校长……这些都是我难以忘记的。可说太多也还是描述不清内心感想，简单来说：如果可以重回，我会毫不犹豫地选择十一中。"

精神文化是学校文化的核心内容，存在于心理层面，它不是空中楼阁，也不可一蹴而就，是物质文化、行为文化和制度文化发展至一定阶段的产物，是校园中的教职员工和学生具有的一种共同价值理念，是校园每个成员从自身的人生观、价值观和世界观出发对校园环境、对自身行为和对规章制度的看法。

在不断摸索中，我们逐渐建立起池州十一中的理念体系：

1.办学理念：向善向上，适性成长。理念的落实在三个年级各有侧重。七年级：形成向善向上的习惯和行为；八年级：形成向善向上的自觉和情感；九年级：形成向善向上的取向和准则。

2.培养目标：育向善之人，教向上之才。

3.办学目标：向善以立德，树人以上进，办成一所师资水平高、课程建设实、学校文化优和学生素养好的全市示范、省内一流的品牌初中。

4.学校愿景：教师仁爱创新，课程丰富多彩，课堂鲜活高效，校园灵动温暖，学生向善向上。

5. 校训：善、谨、勤、实。

6. 学校精神：十一十一，自强不息。

7. 池州十一中人的五个认同：

学生：学校认同，我们由衷地高兴是十一中学子；

新教师：身份认同，大家知道我们是谁；

骨干教师：业绩认同，大家认可我们名副其实；

资深教师：品质认同，大家佩服我们数十年如一日；

管理团队：服务认同，大家肯定我们身正心正行动到位。

确定了理念体系之后，有一点强烈体会：作为校长，我不能成为观众，站在周边摇旗呐喊，也不能驱赶教职工和学生向前走，更不能孤军奋战，而是要成为领跑者。扛起理念大旗，身体力行，引领师生向前跑，只有树立一个具体的榜样形象，才能不断促进学校文化的发展。每个人的发展都需要内驱动力，动力之一是情感的力量，也就是出于喜爱去做事情最有积极性；之二是责任的力量，出于对工作责任的理性认识而异常认真；之三是信仰的力量，出于价值观的认同，一定是最坚定和最用心的。

学校精神文化建设的结果就是能够使全体师生获得内在的信仰力量。促进教师不断追求正确和美好的事情，提升教师的精神境界，从而促进教师的教育教学工作和个人专业发展；促进学生不断修正正确的价值方向，提升学习的效果，从而促进学生生涯规划的设计和学习方式的改进。

**思考：价值引领向美而行**

学校文化中，物质文化是基础，制度文化和行为文化共同推动了精神文化的形成，精神文化又反哺制度和行为文化的进一步发展。

任何组织的发展总是在历史与现状的客观基础上走向未来，学校的历史发展进程和现实情况是学校未来发展的现实基础和起点，学校必须立足于这个现实基础和起点构建学校的文化建设发展目标。《中国教育改革和发展纲要》指出：

"要严格执行校规、校纪，教育学生遵守行为规范，建设健康的、生动的校园文化，树立良好的校风、学风，使学校成为建设社会主义精神文明的重要阵地"。为党育人、为国育才的理念一定要牢固树立并转化到日常的教育行为当中去。学校绝不能仅仅大谈教学成绩，培养学生爱国主义情感、提高学生思想道德觉悟，更是学校全面育人的重要环节。加强学校文化建设有利于学校的发展，有利于学生的思想关联、行为方式和价值导向的形成，更有利于学生身心健康的发展。学校文化建设越来越成为国家全面推进素质教育实施的重要动力。

校园里必然存在多种文化，除了主流的校园精神文化，作为校长，动态关注其他亚文化的发展也十分必要。如我们初中学生的学习科目十余种，我们学校每个年级又有近20个班级。一个一个的学科、一个一个的教室，把不同的教师彼此隔离开，长此以往形成了一个一个分割的小团体。其中一些过度负责教师任教的学科往往成了所谓的"霸王学科"。学生在学业水平测试时需要的是不同教师在不同时间共同努力的结果。统一的思想、统一的价值理念可以消除这些分割的小团体或霸王学科，真正做到互补互助。对亚文化中积极的部分，要支持向学校精神文化靠拢，对亚文化中消极的部分，要想方设法化解其负面影响。适时地对学校精神文化进行诊断就显得十分有必要了。

构建学校文化是一项复杂的系统工程，涉及不同层次、不同方面，也需要从不同角度去思考、认识和理解。校长在其中的作用举足轻重。上海市北郊学校原校长郑杰说："校长要成为学校文化领导者，这是我给自己做的人生规划中的内容，我绝不会仅仅满足于把自己塑造成一个优秀的管理者……"。校长应该成为学校文化建设的灵魂人物，并为学校文化发展做出贡献。明确了自己在学校文化建设中的角色，才能履行好领导学校文化建设的职责。校长要扮演文化的领导者、文化的工作者和文化的服务员三重角色，要力求成为全体师生文化愿景的引路人，力求成为全体师生的亲密战友，力求做好全体师生全面和全程的服务。

在池州十一中文化建设过程中，有两个问题一直萦绕着我。一是依托什么样的课程和教学、实施怎样的课程体系去实现学校文化所承载的教育价值观？

二是文化建设怎样服务学生发展？前一个问题，是因为学校发展到现在的段位，用课程引领高质量发展既是大势所趋，更是规律使然。后一个问题，是因为文化"由内而外的魅力""由外及内的风采"，是为学生的发展服务的，要内化为学生素质的某些共同特征。"以生为本"的价值追求要放到中心地位，不能只见"学校所需"而不见"学生所需"，学生发展不能被文化特色遮盖。答好这两个问题，池州十一中的文化建设将更加向美而行。

# 我们的文化从"新"出发

## ——池州一中学校文化建设叙事

2019 年 9 月我从池州十一中履职池州一中。两所学校学段不同，底色相同，是一脉同源于 1902 年建校的安徽省贵池中学。池州一中既有长期积淀的传统和特质，又有有待提炼升华的价值理念和优化改进的办学行为。对于传统和特质，可意会但没有好的言传；对于价值理念和办学行为，急于与时俱进但千头万绪难以找出突破口。读到北京外国语大学附属外国语学校林卫民校长的这句话，"你在校长岗位上能够获得成功的秘诀，并不是延续之前自己所做工作的成就，最紧迫的是能在'成就教师和他人'方面要有更多的办法和策略"，履新池州一中的我受益匪浅。

池州市第一中学（安徽省贵池中学）创建于 1902 年，近 120 年的风雨坎坷路，育人无数，业绩辉煌。2000 年被命名为"安徽省示范高中"之际，初高中分离。2009 年 5 月，学校由"安徽省贵池中学"更名为"池州市第一中学（安徽省贵池中学）"。2010 年 8 月迁入新校区。百年老校，萌发新姿。但是，短板明显，瓶颈较多。如校舍建设品质不高，风景凌乱缺乏灵魂，环境文化建设局限于标语口号、宣传栏，理念文化缺乏内核和体系，行为文化建设不尽如人意。

古德莱德说："学校是具有文化品味与精神感召力的场所。"一所学校的生命力往往取决于学校有没有"文化"，有没有"灵魂"。因为只有"文化"和"灵魂"才能穿越历史，导引当下，还能通向未来。有了自己的"文化"，学校就有了凝聚力和创造力。经过走访、思考、讨论和梳理，我们认为，池州一中百余年发展历程、一代代教师师德教风和一届届学子成长担当，表达和呈现的文化基因就是"成人之美的向善品质和克难攻坚的向上精神"。我们必须审时度势，与时俱进，进一步提炼、传承和提升，使之物化、活化和内化。我们从"新"出发，就是在科学处理好传统与现代、人文与科学、传承与创新的关系中，构建"成己成物"的共同价值观，循着环境文化（表层）、行为文化（深层）、理念文化（核心层）的路径，重塑学校文化，重点构建"我们"的文化和"改变"的文化，成就学生，成就教师，成就学校。

### 虚实结合的环境文化

在学校中，要看到"教育的味道、教育的气息和教育的力量"。环境首先是硬件环境，是学校文化建设的重要载体。

我们集思广益，学校七届二次教代会通过了《池州一中"十四五"时期高质量发展行动计划》，着力分步改善校园硬件建设条件，优化校园环境，提升校园品质。对现有校舍所有外墙立面进行防渗漏、面层重新涂真石漆改造；对现有校舍的屋顶进行防水、增设保温层和造型改造；将行政楼二楼连同东西两侧大露台改造成图书馆；将行政楼三楼建成校史馆；改造提升实验楼，建设3间通用技术实验室，建设理化生数字实验室各一间；建设池州一中学生发展指导中心。

陶行知先生说："要把教育和知识变成空气一样，弥漫于宇宙。"我们精心设计，追求学校文化是先贤在"说话"，是社会主义核心价值观在"说话"，是百年积累的文化传承在"说话"，而且是在对着师生"说话"。

我们将校园文化墙作为校园文化建设的重要内容。如将"居敬持志，成己成物"的校训及其思想内涵拓印在教学楼墙体上。又如，以"贵中立学，厚德日新"为主线结合楼宇功能，对学校楼宇重新命名。三栋教学楼楼名是贵恒楼、中和楼、立达楼，三栋实验楼楼名是学行楼、厚行楼和德行楼。体艺馆命名为日乾楼，图书行政楼命名为新实楼。寄望全校师生进德修业，勤勉自省，惟新惟实，练就真能实功，铸就家国情怀，成己成物。

贵恒楼，立意出自毛泽东在湖南省立第一师范读书时化用明代学者胡居仁所撰的对联，"贵有恒，何必三更眠五更起；最无益，只怕一日曝十日寒。"寓意是，为学行事，不在于一时的努力，而在于长久的坚持。成在恒，贵在恒，也难在恒。持之以恒，久久自芬芳。

中和楼，立意出自《中庸》，"中也者，天下之大本也；和也者，天下之达道也。致中和，天地位焉，万物育焉"。寓意是，全校师生特别是处于青春期的学生要养成为人行事"适当其时"又"恰如其分"的品格，无所谓"过分"或"不及"，达到与自己、与他人、与社会、与自然和谐相处的境界。

立达楼，立意出自《论语·雍也》，"己欲立而立人，己欲达而达人"。寓意是，立己达人是学校和老师们义不容辞的责任；一中的学子在进德修业的成长道路上，要有自强自立的进取精神、成人之美的道德品质，更要有兼济天下的担当。与"居敬持志，成己成物"的校训相呼应。

实验楼，立意出自陆游的《冬夜读书示子聿》，"纸上得来终觉浅，绝知此事要躬行"。实验楼命名的寓意就是，教导师生道德学问必须由真修实践而来，学行结合，知行合一，以实际行动成就梦想。

学行楼，立意出自《荀子》，"不闻不若闻之，闻之不若见之，见之不若知之，知之不若行之。学至于行而止矣。行之，明也"。荀子把教学和学习的过程分为闻、见、知、行四个环节，并把行作为教学的最终目标。

厚行楼，立意出自左思的《三都赋》，"显仁翌明，藏用玄默。菲言厚行，陶化染学"。就是要求我们，修德求知，少说多做，潜移默化，熏陶渐染。

德行楼，立意出自朱熹的《四书集注·学而篇》，"德者，得也，行道而有得于心者也"。德是按照道德规范去行事而心有所得，我校师生"居敬持志，成己成物"的品德要在立己立人的实践中去养成。

日乾楼，立意出自《周易·乾》，"君子终日乾乾，夕惕若厉，无咎"。寓意是，全校师生进德修业，既要勤勉不懈，自强不息，又要警惕谨慎，自省自重。

新实楼，立意出自习近平总书记的"伟大事业都基于创新，伟大事业都成于实干"。寓意是，全校师生惟新惟实，与时俱进，脚踏实地，追求卓越。

第一栋教学楼励志墙将王阳明《教条示龙场诸生》的原文节选刻印镶嵌，期望全校师生做到立志、勤学、改过和责善。

我们不断扩大环境文化建设的领域，不仅让墙体诉说校史，传承传统文化，还创建教室文化、办公室文化、食堂文化、走廊文化等，让师生随时随处都能感受到文化带来的冲击，感受到学校文化特有的魅力。当我们徜徉在校园中，抬眼就能看见圣贤训诫；当我们漫步在校园树林间，任思想驰骋，享受自由与宁静；当我们走进教室，会被浓浓的教室文化警醒和激励。

我们顺应数字化时代趋势，努力尝试智能文化建设。我们这样一所地处皖南山区小城的高中学校，受限于条件和理念，课堂教学观念和方式较为传统、陈旧，教学质量主要依靠时间和汗水。通过大数据等信息技术驱动教学改革，创设"精准化的教、个性化的学"的教学环境，实现个性化、针对性的精准有效教学是迫在眉睫的路径，更是学校实现突破发展走向未来理想新学校的必然选择。2019年暑期高一年级1000名新生有959人参加了铭师堂的初升高衔接学习课程，充分利用在线学习、生涯规划、心灵成长和综合素质拓展等学习资源，形成了数据翔实的类似学情报告的《池州一中暑期衔接报告》，为教师了解学生起点、确立教学设计的逻辑结构提供了第一手资料。2020年新冠疫情之下，智能技术更显示优势。我校运用互联网线上教学，打出"组合拳"：分年级制定方案；按班级在校课表推进教学，高三年级2月7日起、高一、高二年级自2月9日起迅速实现网上授课，高效有序做到"停课不停学"；教师的网上课程、班级的微信或QQ学习群和教育企业的在线平台三管齐下，网络课程、网络作业、网络交流反馈齐头并进。

"十四五"时期我们将着力建设智慧校园平台，建立一套覆盖基础数据服务、日常办公管理、教务管理、选排课、成绩管理和教学成果反馈的智能化体系，以适应新高考走班选课、等级赋分和分层教学等改革内容，提升普通高中综合改革的应对能力。正如李政涛教授所说："人工智能带给学校最关键的挑战就是对教师的挑战。……最大的挑战并非是技术和方法层面的，而是教师持之以恒改变的勇气和能力。"学校智能文化建设的主体必须是教师，打造一支能担当起智能化教育教学重任的教师队伍是最基础的工程。

**平和改革的行为文化**

学校的现状、审计和巡察的整改要求，以及高质量发展的期待，都指向改革。李大钊先生曾说过："平流并进，递演递嬗，……日新之改进可图。"改革不能一蹴而就，慢一点儿、柔软一些，会顺遂很多，需要持续改进而达到目标。本着志不求易、事不避难的担当，按照底色鲜明、气息平和、以微改革撬动大发展的原则，我们通过多个单点突破达到点动成线、线动成面、面动成体的效果。

改革首先是规范常规管理，确保学校有序运转。配齐配强四个中层处室的正职负责人，充实教务处力量，调整德育处工作职责，增设党建办、财务室和督导室。强化门卫管理，将门卫管理从物业管理中分离出来，学校直接与专业保安公司合作，按照持证上岗的要求，做到专职保安值守学校。强力规范学生校内骑车管理。实行升旗仪式班级值周制和大课间跑操，大课间行政干部、班主任、体育老师到岗到位养成习惯。建立池州一中微信公众号，免费为全体老师们订购了专业教学教研期刊。改进了统考监考、巡考和考试数据分析，启动高一、二年级创新能力测试，推行期末考试试卷及时评讲和开学考，强推高三二轮复习集体备课、四大学科竞赛辅导和三个年级培优工作。

其次是调整办学思路，建立拔尖创新人才的早期培养机制。抓住"强基计划"的契机，通过自主招生和普通高中提前批次录取45名学生，举办"钱学森班"夏令营，树立"爱国情怀，创新能力"的办班理念和"为超越而来，奔卓越而去"的办班目标，讨论研制"三年一体"培养方案和考核方案。举办"池州一中首届人文探究夏令营"，为人文见长的学生搭建学科体验平台，并在此基础上设立"人文实验班"。

再次是落实审计和巡察整改要求，规范办学和建章立制。对制度建设不到位、教学管理滞后、贵池区中考尖子生外流严重、"钱学森班"办班机制不完善、超核定总量发放奖励性绩效工资、不合理加班费的发放、国有资产经营权未公开招租、教师办公室条件差和教职工工作日食堂就餐迟迟得不到解决，以及学校周边交通环境整治，后备干部选拔工作停滞、重点岗位干部长期不交流等突出问题和老大难问题进行了专项整改。制定和修订制度 41 项。

同时，探索增值评价，激发办学活力。为切实贯彻落实中共中央、国务院印发的《深化新时代教育评价改革总体方案》，促进每一位学生在各自的基础上有更好的发展，参考兄弟学校增值评价的实践探索成果，结合学校实际，我们制定了《教学质量增量评价考核办法》。"以入口定出口"，"从起点看变化"。以初中毕业考试成绩（以数理化语文外语五门成绩为例）为准，建立学校各年级教学质量起始目标动态数据库，这个数据库就是"入口"。教务处分时段对年级的教学质量实施质量监测，以计算"入口分数"的方法计算各年级的完成分数，也就是"出口"分数，用"出口"分数减去"入口"分数得到"增值分"，用"增值分"考核各年级不同班级的教学和学生的学习状况，体现了"对不同班级提出不同的要求"。将美国教育评价专家本杰明·布鲁姆"衡量学校好坏的唯一标准是学生在原有基础上进步的幅度"的理念通过教学管理行为落实到日常教学实践中。

伴随平和的改革，我们通过师生的行为文化建设，使学校文化的精神内核……"居敬持志，成己成物"内化为师生行为，渗透到师生的日常工作、学习和生活中，建构出教师、学生自立、自主健康人格的行为文化特色，确保学校文化根深叶茂。

如，黄凌平老师 2020 年疫情期间卧床直播网课诠释师德光辉的事迹，被安徽电视台和中宣部"学习强国"平台宣传报道；青年教师做高考真题比赛和"同课异构"教学大比拼，提高教师动笔做题和研课磨课的意识，提升教学技能；还有，教师备好课上好课的担当，爱读书多读书的习惯，服务学生、陪伴学生的自觉，有令必行、有活动及时参与的品质，等等，无不彰显着教师基本素养和校园中相互成就、彼此温暖的关联。

学校努力创设情境，促进学生行为文化的养成。如2020年抗疫期间，学校德育处和团委会因势利导，化"疫"为机，激发学生们的进取心和担当精神，在2月上旬开始以学校微信公众号为展示平台，面向全校学生开展"致敬最美逆行者"征文比赛。学生们通过"我手写我心""我思故我在"去体悟"以身许国""用生命践行使命""家国情怀和英雄主义"，……进而教育自己要做到知行合一：成就他人、回报社会、奉献国家最好的方式就是做更好的自己，就是不断强大自己。2020年暑期的"钱学森"夏令营和"人文探究"夏令营，践行"文理相通，全面发展"的成长理念。还有，"绽放战疫青春·坚定制度自信"和"纪念抗美援朝，争做时代新人"主题团日活动，"雅言传承文明，经典浸润人生"主题校园文化节，高二年级经典诗词诵读比赛，高考后高三学生的校园"地摊经济"，高一年级的"家乡文化探究活动"，"接好这一棒，后浪勇担当"为主题的学生会换届竞选，广播站招新的演讲比赛，"鸣春"文学社招新才艺展示，阳光运动会，辩论赛，"文明餐桌，俭以养生"演讲比赛和拒绝舌尖上的浪费活动，等等。

### 成己成物的理念文化

林卫民校长说得好，"校长的领导力远远不只是决策某件事的能力，而是在涉及一切学校发展的诉求中，富有教育意义的价值体现和正确表达"。

一所学校的理念文化，就是集中表达这所学校的人们对教育价值观、教育目标与教育理想的共同理解和思考，并有意识无意识地显示于学校活动，时时刻刻影响师生的行为，与学校发展息息相关。

百余年来，池州市第一中学（安徽省贵池中学）克难攻坚，厚德立校，成人之美，育人无数。我们在梳理和提炼百年贵中传统的基础上，初步建立学校的理念体系。

办学理念：厚德日新，适性成长。

明确的校训：居敬持志，成己成物。

提出的育人目标：为超越而来、奔卓越而去，培养有理想、有本领、有担当、理性和德行协调发展的高中毕业生。

追求的学校愿景：努力办成内涵丰厚、全面育人、高品质人才辈出的优质示范高中，打造成池州学子向往的百年名校和池州城市的名片。

在我们的理念文化中，重点说明一下校训。校训，顾名思义是学校对师生的训诫和对办学抱负的表达。既体现学校的传统，又表达学校的教育价值观，是学校办学的灵魂，是凝聚师生人心的黏合剂，体现学校的文化底蕴和办学哲学。池州一中之前的校训是"文明、严谨、勤奋、求实"，内容丰富，但表述有些直白化、大众化和口号化。在对"生命至上、举国同心、舍生忘死、尊重科学、命运与共"伟大抗疫精神的领悟中，为了更好地体现百年贵中的价值追求，反映我们学校的独特气质，校本化表达社会主义核心价值观和"立德树人"，我们将校训表述为"居敬持志，成己成物"，作为学校文化的思想逻辑和宗旨归心。

"居敬持志"，是朱熹概括的修身治学之道，出自朱熹《性理精义》，"读书之法，莫贵于循序而致精；而致精之本，则又在于居敬而持志"。"居敬"，是指抱守着敬畏认真、专静纯一的态度和原则；"持志"，是指坚持自己的远大志向，为自己的高尚目标而不懈努力。

"成己成物（物，指他人和他物）"出自《礼记·中庸》，"诚者，非自成己而已也，所以成物也。成己仁也；成物知也"。是指在更新、完善自己的过程中，帮助和成就他人他物，追求人与人、人与物的和谐共生，造就新的良善的世界。

学校本就是立己达人的社会场域。池州一中培养了诸多为国家发展和社会进步做贡献的校友，池州一中的师生特别是学生应该有兼济天下的情怀和志向。我们的校训就是寄望全校师生，要在居敬持志中不断地自我更新、自我完善，成就他人、他物，实现自我价值和社会价值，将内在的人格修养与外在的道德实践统一起来。

　　根据《关于新时代推进普通高中育人方式改革的指导意见》，对于普通高中"切实提高育人水平，为学生适应社会生活、接受高等教育和未来职业发展打好基础"的发展定位，以校训为依归，我们确立了"厚德日新，适性成长"的办学理念，作为学校办学的基本主张和价值。从而唤起、达成池州一中人对高质量发展的认同感、责任感和追求心。从学校的现状出发，我们就办学理念在当下如何转化为教书育人的行动，提出"四个发展"。

　　1. 自主发展。学校发展是学校自己的事。学校发展的主体是谁？显然是学校，而非学校以外的"他者"。我们通过不同路径强化：池州一中人就是池州一中发展的主体，就是池州一中的主人翁。"每一项损耗的存在几乎都与员工缺乏主人翁意识和责任感有关"。反之亦然。逐步树立师生家长对学校的向心力和归属感。全体池州一中人，不做负能量的人，不是带着情绪去认知学校，不与学校离心离德，不做玩世不恭的人，敷衍工作，应付教学。

　　2. 整合发展。现实的学校发展面临着多方面的需要和利益，既要落实党委、政府的要求，也要面对家长和社区的需要，还要满足师生的意愿。我们让全体教职工明白：每天的忙碌和辛苦，是为了达标度、满意度，是为了尊严感、幸福感，更是为了在"成己成物"中实现价值。同时，要从提高办学质量的角度和立己达人的高度打造三个平台：制度平台，风气平台和资源平台。

　　3. 团队发展。学校发展的本质是群体发展和共同发展。团队的力量无坚不摧。与大学教授带研究生不一样，中学老师本就是一个团队共同培养学生的职业。学校发展必须是全体师生和家长有共同的愿景，主动参与，大家扛起责任来，建立一种美好的关联，在合作中办好学校，在相互信任中相依前行。

　　4. 内涵发展。学校发展从根本上说是着眼于人的培养，着眼于全面提高教育质量。而全面提高教育质量需要学校内涵的整体提升。内涵发展的指向就是普通高中育人方式的转变，最核心的是五育并举。具体而言，直接提升质量的教学，间接提升质量的教育、教师和管理，有效服务于质量提升的硬件建设。还有，学校的精神、价值和意义，以及应对变革的意识和能力。

　　同时，我们将健全的、富有学校特色的制度文化作为理念文化的重要组成部分。恢复和完善了选派优秀党员辅导班级团支部的传统制度，以党建带团建。建立管理团队成员全员坐班、全天候巡查和晚上住校值守制度。召开教代会审议通过《池州一中奖励性绩效工资考核分配方案》和《池州一中教职工请假与考勤管理有关规定》。建立听课制度，行政干部带头随堂听课和主导评课，每月不少于 3 次。完善班级日志一日一交制，及时收集班级日常信息和意见，并及时反馈到日常管理中。制定修订了 41 项学校制度，将《池州一中制度选编》汇编成册，行而有据，依法治校。实行班级校园值周制，建立学生自主管理制度，为学生搭建实践管理的平台。编写校本《新生入学教育读本》，让新生了解一中，熟知校规校纪。这些规章制度使师生的行为更加规范，整个学校充满了正能量。

### 成人之美：文化建设初显成效和未来的思考

近两年的时间，全校师生逐渐确立、认同学校"成己成物"的核心价值观和"厚德日新，适性成长"的办学理念，主体自觉和文化认同正在形成。特别是一致深刻认识到：池州一中的过去、现在和未来的发展，必须是薪火相传、一茬接着一茬干。池州一中要走上一条健康向上的持续发展道路，从现状和使命出发，规则性和道德行是不可或缺的两根支柱。规则性突出表现在加强制度建设中推进依法治校，以规则之治实现育人之治；道德行迫切要求在加强师德师风建设中实现风清气正办学，以师德师风端正校风学风。教育是点亮人的事业，学校是成就人的场所，德行是学校的秉性。"徒善不足以为政，徒法不能以自行"。真正的教育一定是人性的自觉，一定是德行的支撑。

"我们"的文化和"改变"的文化渐入佳境。"在越来越复杂、奇特的世界中，制胜的策略将基于'我们，而非我'的哲学。""我们"是一个很好地表达和承载团队建设与团队合作的词汇，形成"我们感"是一个重新确立认同感的最佳方式。为此，我们努力做到：信任先行，强化相互之间的关心和温情，分享知识和信息，面对面的互动。全体师生员工对学校的认同感和自豪感逐渐增强。追求全体教职工在"我们"文化的形成中，达到知行合一：池州一中是我们借以谋生的场所，是我们得以行动的集体环境，还是我们赖以滋养的精神家园。理所当然要出力流汗，投入自己的情感、力量和智慧去呵护她，让她变得更有活力，更有吸引力，更有魅力。

学校成败的真正原因是人。大面积调整人事和流动人员是不现实也不可能的。这就需要建立"改变"的文化。改变教师的方式很多，如行政管控、上级指令、专家指导等。但是，最主要的还是特定的态度品质。这种态度品质存在于学校管理层与教师的人际关系中，存在于管理团队以身作则的领导力中。所以，建立"改变"的文化，重中之重是管理团队的建设。首先，通过一系列刚性规定和人文引导，保证管理团队让大家看得见自己在履职尽责上以身作则，在利益分配上合理合规，在专业发展上精益求精。其次，"除非你心甘情愿比普通人付出更多努力，全心全意投入工作，否则你永远没资格身居高位"。让管理团队认同：职位在身不等于人心在握。并建立教代会代表对管理团队进行考核的机制。再次，从制度和理念上引导管理团队平时多读点儿书，有空就听点儿课，经常在想点儿事。抽空常谈点儿心，每年得出点儿活，事后会悟点儿道。

在学校文化"从新"出发中，在"成己成物"文化的重塑中，我们的学生更有素养、教师更有风采、学校更有可为。江彩钰同学荣获安徽省第五届"学宪法 讲宪法"比赛二等奖，首创池州市此类项目竞赛的获奖纪录；吕云岳同学喜获 2020 年第 34 届中国化学奥林匹克（初赛）一等奖，是池州市唯一入榜一等奖的同学。詹诗妍同学被共青团中央评为"全国优秀共青团员"。在中国地理学会举办的第十四届"地球小博士"全国地理科普知识大赛中，郑铭心等 4 位同学荣获一等奖，王皓哲等 11 位同学荣获二等奖。在全国中学生英语能力测评中，左文静同学荣获国家级一等奖，李筱妍等 6 位同学荣获国家级二等奖，钱高诚等 11 位同学荣获国家级三等奖。池州一中足球队再次荣获冠军，是我校足球队在池州市校园足球赛中的四连冠。何昱和徐阳晨两位同学被北京大学录取。胡书源同学以 663 分成为科大少年班在安徽省录取的 11 人之一、池州市唯一。

吴成强老师被评选为"2020 年度安徽省新时代教书育人楷模"，黄凌平老师荣获"安徽省抗击新冠肺炎疫情先进个人"称号和池州市五一劳动奖章。戴燕老师喜获第四届全国语文教师"文学课堂"教学大赛一等奖；周丽老师荣获全省第五届中小学青年教师教学竞赛中学文科组一等奖，被授予"安徽省十佳青年教师"称号；孔超老师荣获全省第五届中小学青年教师教学竞赛中学文科组三等奖，被授予"安徽省青年教育教学能手"。蒋治国老师被评为池州市"2020最美教师"，李季老师荣获池州市"三八红旗手标兵"称号。

学校先后荣获"池州市双拥模范单位""池州市先进党组织""池州市教体系统抗击新冠肺炎疫情表现突出集体"。

以文化人，文化是一个动态发展的过程；"苟日新，日日新，又日新"，从"新"出发，一直是在进行中。未来池州一中学校文化建设怎样继续推进呢？

在挖掘自身百年文化底蕴的基础上，紧扣高中学段特点和池州地域文化特色，从适应新时代普通高中综合改革的要求和"立德树人"的根本任务出发，在教育部中小学名校长领航工程江苏基地班首席专家严华银教授等专家的理论引领下，抓住人、物和过程三个关键要素，建设优秀的学校文化，让学校文化成为"立德树人"的最好课程。

就人而言，教育是服务育人的发展，文化是以文化人的动态过程，学校文化的中心和主体首要的是学生。学校文化的思维方式是指向学生发展的，是为了学生今天健康成长、明天幸福生活，以及今后担当家国责任。用学校文化去引导、影响学生的学习和生活方式，让池州一中"居敬持志，成己成物"的学校文化价值观融入学生的精神气质，助力我校"为超越而来、奔卓越而去，培养有理想、有本领、有担当、理性和德行协调发展的高中毕业生"这一育人目标的实现。这当中，重点要弘扬社会主义核心价值观，培养学生的家国情怀和爱党爱国的精神；重点要将现代文化和科学文化作为学校文化建设的重要组成部分，特别要注重培养学生理性思维、批判质疑和勇于探究的科学精神。同时，学校文化建设的关键人物是校长。校长的人格、领导力、人文素养、管理理念和对教育、学校功能、校长职责的理解等，直接影响甚至决定着学校文化的外观样态、内核品质和发展走势。

就物而言，最理想的正是在这样的学校景观文化中，师生体会着自己应该成为怎样的人。2010 年迁建时，由于资金投入少，设计水准不高，规划布局不合理，建筑质量不尽如人意。现有校舍的外观品位、建筑质量和实用功能，与池州一中作为池州市普通高中的龙头学校和百年老校极不相称。池州一中未来景观文化可以有四个定位：彰显"百年贵中""池州一中"的学校特质，体现"居敬持志，成己成物"的学校理念，立足于"青春活力，奋斗拼搏，步入成熟"的高中生特点，把握不过多过繁、呈现"刚刚好"的格调。发挥好交通集散、读书休闲交流、满足开展节日型活动与专题活动和象征意义四大功能。其中，象征意义的功能，如 50 年代、80 年代、2000 年后的学校大门造型及校友广场；1902 年、1912 年、1926 年、1945 年、1949 年、1952 年、1959 年、2000 年、2009 年、2010 年十个学校发展历史上的重要时间节点的标识。

就过程而言，建设学校文化的过程就是凝聚人心和形成共同体的过程，就是学校变革发展的过程，就是实现学校教育理想和达成育人目标的过程。学校文化建设只有阶段、只有过程，是现在进行时，永远在路上。所以，要拉长过程，回答好两个问题：我们需要什么样的学校文化？我们怎样提炼和建设？一个重要前提是，经济投入必须彰显校园的教育味和课程性。四个基本流程是：校长领导下的核心成员组的先行思考和策划；指导专家提供关于适切我们学校的文化理论引领和专业支持；全体师生、其他员工以及相关校友家长学习、思考和研讨基础性材料；科学引领，达成共识。同时，要处理、融合好文化建设与常规工作。常规工作是学校的主体内涵，是文化建设的基础。文化建设是对常规工作的超越，为学校常规发展服务。离开常规发展的"文化建设"难以持续、不能走远。

钱穆先生说过："一切问题，由文化问题产生，又由文化问题解决。"我们需要一个什么样的学校，我们就会建设什么样的文化。艰难方显勇毅，磨砺始得玉成。如何继续引领池州一中学校文化建设前行？我引用我非常感同身受的北京外国语大学附属外国语学校林卫民校长的一段话，来表达我的展望："一个富有经验、具有强大领导力的校长，他的最大才华在于能够始终清醒自知、高瞻远瞩，最重要的能力是校长不仅自己拥有一个确切的目的地，还能使全校教职工知晓和认同这一目的地，并且带领大家一起出发，直至到达目的地。此时，校长又会动员全校教职工认同另一个新的目的地，整装待发，踏上新的征程。"我们希望在建设优秀的池州一中学校文化的过程中，在"我们"的生成中，在"改变"的前行中，全体师生"居敬持志，成己成物"。让学校文化成为"立德树人"的最好课程，为学生成为自己的人、有用的人、幸福的人和成长为有理想、有本领、有担当的时代新人奠定坚实的基础。在学校文化建设的过程中让学校成为教师发展的精神家园，引导教师以理性的力量形成文化认同，达成主体的自觉，锻造一支能高质量实施高中新课程、促进学生高水平差异发展和实现学校高品质特色办学的教师队伍，让"德艺双馨"的教师培养"德才兼备"的学生。

# 传统教学文化的守正

课堂是教育的主阵地、主渠道，强化课堂教学变革以切实提高课堂教学质量，是新时代教育高质量发展的应有之义。但是，守拙即守正。在变革的过程中，在数字化的时代里，传统教学文化必须坚守。

许多文章和教育工作者，将我们日常课堂上的问题总结为"四不"现象，非常到位。一是舍不得：由于教学目标和内容不精准，教师不能舍弃，面面俱到，总体讲得太多。二是等不及：教师等不及学生的自主学习和充分讨论，学生学习中的问题暴露不够，解决更少，没有关注学生是怎么思考的，没有正视学生间的差异。三是放不下。教师放不下"师道尊严"与讲台的舞台，课堂气氛枯燥甚至沉闷。四是闲不住：教师越忙、学生越懒，学生学习的主体地位没有落到实处。

迈克尔·富兰等著的《突破》中提到，课堂教学存在两难的境地。一方面，课堂教学是个广泛被人经历的公共性活动，几乎每个人都能从自己的经历来谈论一番；另一方面，课堂教学具有高度复杂性、高度互动性和不可预测性，是一个黑匣子。中西方的各级各类学校采取的年级累进模式，是假定同龄人具有同等的学习基础和学习进度。班级授课制下的每个学生具有不同的学习动机、不同的起点、不同的能力，存在阻碍学习的不同弱点。每位学科教师既要应对差异越来越大的不同学生之间的个体需求，又要顾及一个按年龄划分的几十个人的班集体。因此，适应学生学习个性化需求的教学活动，为每个孩子的需要提供"量体裁衣"的精确教学，是普遍提高课堂教学质量的"突破"。针对性教学意味着保证学生在他们的最近发展区内进行学习活动，使他们的能力和他们接受的挑战相适应，使个体学生达到其特定标准的学习动机和受教育经历，达到每个教室、每个学生、每天都持续提高教育效果的目的。意味着教学不是始于教，结束于测量学生的进步，而是开始于测量学生知道什么和能够做什么。如果教学没有针对性，学生或者花费太多的时间从事过于简单、不涉及学习新东西的活动上，或者花费太少的时间在涉及学习太多新东西的活动上。

于是，每个教室中都有一个合格教师至关重要。教师们通过专业学习提升专业素质很重要。素质不是一套静态的特征或特质，而是每天都需要改进的、不断扩展的实践行为。我们要有增量思维，而不是一直消耗存量。如果教师每日不进行个体和集体的学习，个人化教学和精确化教学就不可能实现。为了做好针对性教学，教师需要具有针对性的学习。"在自己的教室中观察和被同事观察，并到其他学校教师的教室中去。"我们自己一天天的课堂实践就是专业培训（学习）的核心元素。将专业学习的场所前置到学科课堂教学中来，这种在情境中的学习，是与手边需要处理的情况紧密相关的，更是共享式的。读、写、思、行应当是教师的职业样态。

课堂是教师的主阵地，小组学习是课堂教学组织的基本形态。对成绩最差的学生，及时和有效的干预，一对一或者很小的小组教学似乎是唯一能将他们带回到标准课堂，把他们转化成主动的、投入的学习者的办法。许多教学改革的重要贡献在于，改变了课堂教学的逻辑结构，从以教师认为的学科体系为线索进行讲解，变成由教师帮助，以学生的认知（或学习）为线索，让学生自己进行建构，即变"教师的讲堂"为"学生的学堂"。这实际上已触及教师专业化的本质。教师专业的领地应是关注学生怎么学、怎么学会，而不是关注自己怎么教。

受信息化的影响，年轻教师对传统教学中强调的备课笔记和手写板书越来越不重视。2014年暑期在北师大聆听了物理特级教师扈之霖老师有关于此的讲座，受益匪浅。备课笔记丢不得。临场"即想即说"与"想清楚后写下来再说"，说的内容品质肯定有区别，效果肯定不同。临场应变能力多半与经验成正比关系。教学的经验又多半来自设计阶段的预设性思考，以及教学之后的反思。备课笔记课前要把教学中学生可能出现的问题及解决方案，批注在旁边；课后要补注学生提出来的而教师预先没想到的问题。关于集体备课，弱势学科要集体备课，新教师和中下游教师要集体备课，上中游教师要在集体备课中更加注重教学个性。

用好多媒体。现在教室中的各类多媒体教学设备普及化程度很高。教师如何运用好多媒体这一把双刃剑至关重要。教师一定要想明白：多媒体是比较高级的教学辅助工具，是为教学服务的，不能反被其牵着走；教学辅助工具无论如何升级换代，起决定作用的始终是使用工具的人；教学需要情感、能动、再创造，教学过程一定是人际互动、面对面的交流和思维的碰撞。《论语》几乎全是用对话的方式进行教学的，学习的最主要本质在于人与人之间面对面地交流。幼儿园、小学阶段尤其如此，教育信息化的作用更不能太大。使用多媒体辅助教学，一定要思考几个问题：学生与知识之间的第一媒体是什么？课堂上什么最大？教学的关注点在哪儿？拷贝课件，教师还有用吗？教学还需考虑学情吗？媒体辅助教学通常可用在教师行为不能完成时，某些内容在本节课需反复使用且版面较大时，例题、练习题展示时，课的总结时、介绍背景材料时等等。

手写板书丢不得。英国牛津大学出版的《教育学》中说："所有的直观教具中，要数黑板最普遍、最重要、最灵活。也许正因为黑板过于为人们所熟悉，因而往往被人们忽视或使用不足。"日常课堂教学中常见的板书方面的毛病主要有：没板书或少板书，电子教案与电子板书双管齐下，不规范，黑板当作草稿纸，课后黑板上看不出本节课的主要内容。后果是很多教学的质量在教师的不为中流失了。板书是师生最高层次的交流与沟通；是教师基本功的综合展现，如手随口动、口随眼动、眼随学生的表情变化而调整，重难点侧身板书，板书后旁站；是学生学习的示范、向导、大纲。板书的作用是刺激学生视觉的感性材料，呈现课堂学习内容的要点或结构，为识记、保持、再现学习内容提供信息编码。

多些阅读和阅读指导。据中国教育报报道，课堂观察中有一令人吃惊的发现，学生们用于读和写的时间非常有限。写字的频率，初中只相当于小学的 2/3，高中只有小学的一半。阅读在小学占大约 6% 的课堂时间，初、高中下降为 3% 和 2%。如果我们的学生不在学校阅读，他们在哪里阅读呢？他们又能够读多少呢？阅读教学存在的问题主要是，学生在课堂上接受阅读训练的时间很少；教师在课堂上的语言不够丰富，不能够清晰地解释重要的字词的含义；教师没有掌握阅读技巧及其传授方法。教师教育和小组学习是提高学生阅读能力的重要途径。

活中见实，练炼结合。2018 年 7 月 7 日，我们第二期领航班江苏基地的学员非常有幸在南通师范二附小当面聆听了李吉林老师的教诲。李吉林老师"教得活，教得扎实，活中见实""一定要把孩子教得聪明"的话语言犹在耳。的确如此，所有教学的核心问题就是不能让知识僵化，而要让它生动活泼起来。学生的思维一定要实践，要练。告诉学生一个结论，远不如让学生经历、检验一个结论。教育的本质是心、脑、手并用。反复被刺激的连接将得到保存。一定量的训练，科学的反复训练是符合教育规律和学习理论的。讲练结合是课堂的根本。原形学了练原形，变形学了练变形。小段讲小段练，讲一段练一段。当然，时间是"常数"。要提高课堂效率，就要做到少讲多练、精讲精练，讲中有炼、练中有炼和一节一炼。

提高教学、作业和考试的一致性。当下作业主要来源于统一的习题集，往往脱离学生实际，作业无法反映教学的实际效果，测验考试往往不是教师自己出的试卷，无法产生正向的诊断和激励效果，造成绝大部分学生的失败感。回归教学、作业和平时考试的一致性，教师对教学的整体把握才能提升，教学各环节的整体效益才会显现。教师要将精心选择作业当作备课的一部分，切实做到增加作业选择的备课工作量，把没质量、不合理的作业减下去、减掉，根据学生差异分层布置作业，指导和督促学生完成好基础性作业，强化实践性作业，探索弹性作业和跨学科作业，不断提高作业质量。

理解学生的情绪。"情感的记忆是难以忘怀的。情感活动和认知活动结合起来，是提高教学质量的一把金钥匙。"青少年时期前额皮层发育要比边缘系统滞后许多，造成了前额皮层对边缘系统反应的调控能力增长滞后，这是青少年容易出现冲动和情绪不稳定的原因。因此，不当众批评孩子，否则容易引发自卑或退缩；学生犯错误时，批评要就事论事，不要进行人身攻击；尽量不要在同班树立直接的学习榜样，这往往会导致人际关系紧张，树立看不见摸不着的榜样，以小组不以个体为单位竞争。

带班的逻辑是教育的本质。能不能把一个班级带好，关键人物恐怕不是老师，而是班上有没有能够和老师配合的学生。如果老师一直没有办法在班上找到能够配合带动的同学，班级经营势必要事半功倍。《孙子兵法》有云："凡战者，以正合，以奇胜"。出奇制胜必须要建立在整个策略的大方向正确这个前提之下，战争如此，公司营运如此，学校治理如此，当然班级经营也是如此。带班的整个策略的大方向就是以学生为本。有些老师"奇招"不少，却忽略了审视教育本质的内涵，结果肯定是不如人意。

托底扶差最显教师水平。真正的教育，不能将一部分学生丢下，让他们陷入长期的"陪相公读书"的痛苦境地。孩子都是父母的宝贝，家长心中最柔软的部分。学校"正能量"的含义是：校园中的人，存在一种关切，有一种美好的联系。"校园矛盾主要表现在两大关键性问题上，一是师生关系问题，一是学生心理健康问题。"一定要选择恰当的教育方法。老师对学生的问题，采取过激行为，可能镇住了一部分学生，但降低了自己的威信。要关注独生子女、社会环境、家庭撕裂等等带来了许多教育难题。初中阶段尤其如此。初中学段的特质是：学生参差不齐差异性大，知识量较小学增幅明显，分科教学鲜明，教学难度不断增加，教学节奏加快，自主学习要求提高，教学的功利性上升，对分数关注度高而对教师和学校容忍度低，学生的不适应感受表现明显。初中生的特殊性有：身心发育不协调，大人小孩的双重性；儿童后期向青年前期的过渡，伴随着不适、困惑、焦虑和叛逆等情绪；中考意味着人生首次被选择。建议教师特别是初中教师做好三个定位。一是先严后爱、先权威再朋友。"严"具体是三严、一不严，严格、严谨、严密但不严厉。立威的前提是不伤害学生的自尊心。二是应该有适当的惩戒教育。在孩子可以控制自己之前，给他们一点儿约束是必要的。这种约束除了耐心的教导，还要有适度的惩罚。2021年3月1日起，《中小学教育惩戒规则（试行）》赋予了教师惩戒权。惩戒是手段，教育是目的。"手高高举起，鞭轻轻落下"，惩戒要怀着爱心、充满善意。惩戒要切忌：盛怒时进行、伤学生自尊的言行、自己在场以免节外生枝、攻心为上不留后遗症。三是良好的秩序来自于良好的教学。教师教学功夫不过硬，班级秩序难保证。对于那些走得慢、跟得吃力甚至跟不上的孩子，我们要理所当然地做好：上帝给我一个任务，叫我牵一只蜗牛去散步。

我们要经常思考教育的起点。见证少年意气风发、青春活力四射是我们的福气，善待学生、成就学生是我们人生最大的价值。中国台湾著名散文家张晓风在《我交给你们一个孩子》中写道："学校啊，当我把我的孩子交给你，你保证给他怎样的教育？今天清晨，我交给你一个欢欣诚实又颖悟的小男孩，多年以后，你将还我一个怎样的青年？"我们的人生有三大幸事：上学时遇到一位好老师，工作时遇到一位好师傅，成家时遇到一位好伴侣。对于一名优秀的老师，人文是最高的素养，师德是最高的威信。愿你我都做学生生命成长中的贵人！

# 正好的教育就是最好的教育

**2019 级七年级新生入学教育讲话**

敬爱的老师，亲爱的同学们：

大家好！

九月，正值初秋，是一个无比美好的收获时节。此时此刻，你们一群朝气蓬勃，阳光向上，稚气未脱的少男少女们，已走进我们池州十一中——这所历史悠久，绿意盎然的百年名校，将在这个灵动温暖的大家庭中，开始你们崭新、宝贵而又必须努力的三年初中生活，开启你们追梦的新历程。欢迎你们！

我们池州十一中与池州一中是一脉同源、二水分流，由 1902 年创办的安徽省贵池中学初中部发展而来。这是一所曾经受到孙中山先生关怀的学校，早在 1959 年，就被定为省重点中学。深厚的文化底蕴，优良的办学传统，先进的教育理念，培育了一届届莘莘学子，也造就了一批批优秀人才。可以说，你们来到这所学校学习和成长，是十分光荣的。

我们池州十一中的办学理念是"向善向上，适性成长"，培养目标是"育向善之人，教向上之才"。我们学校现有 55 个班级 3000 多名学生。我们学校是"全国青少年校园足球特色学校""国防教育特色学校"。十一中与其他中学最大的不同在于：学校十分重视学生的综合素质和多方面发展。每个学期，学校都会举办各种各样丰富多彩、妙趣横生的活动，体育类的有运动会、跳绳比赛、篮球比赛、足球比赛等，文化类的有英语口语比赛、物理知识竞赛、诗词大会、演讲比赛等，艺术类的则有班级合唱比赛、书法比赛以及各类书画比赛。学校还成立了科技创新、足球、美术和音乐等社团供学生加入和参与。这些社团经常有机会去参加市里和省里乃至国家级的比赛活动。这一切，丰富了我们的校园生活，丰富了我们的体验，更使我们在忙碌而劳累的学习之余能够得到身心的放松和愉悦，找到自己的兴趣、特长和自信。同时，还能让大家认识到：初中生活并不只是一味地埋头苦学，它同样包括了其他许多快乐而有意义的内容。

自律胜过智商，越努力越幸运。你们在家中是孩子，走进学校就是学生。学生与孩子的内涵是不一样的。学生，是你们的社会身份，是要受到班规校纪、社会公德和国家法律约束的。起码要做到"三个不"：不违反法律、不违反道德、说话做事不能不顾及对方的感受。养成"四个小习惯"：微笑问好，公共场合不大声说话和打闹，随手将垃圾丢入垃圾桶，离开座位时摆好桌椅。

"志不立，天下无可成之事。"进入新学校、成为初中生，我们每个人都要有自己的志向，都要有初中三年的目标。它可以很小，有关自己的点点滴滴和每一次进步，也可以很大，比如考上自己心仪的高中或是大学，抑或是未来的职业和理想。有了目标，我们就奔着目标，每一天在努力、每一月有进步、每一年茁壮成长。这个过程中，会很辛苦，会有不开心，更会有挫折甚至失败，但我们要一往无前、持之以恒。我们要有良好的自我效能感。我们现在的好或者不满意，决定不了我们的未来。作为初中生，学习在你们的生活中是很重要的。课前要预习。上课时，你们要认真听课，勤做笔记。课后要及时复习。作业、测验和考试必须诚实对待，必须独立去完成。无法完成的，遇到不懂的问题一定要去问老师或请教同学。大家在学习上要互帮互助。

如果你不努力，再负责的家长、再认真的老师、再优秀的学校都无益于事。如果你放弃了学习，就是放弃了家长、学校对你的希望，就是放弃了自己。美国前总统奥巴马说得好："你的长相、出身、经济条件、家庭氛围——都不是疏忽学业和态度恶劣的借口，这些不是你去跟老师顶嘴、逃课或是辍学的借口，这些不是你不好好读书的借口。"我相信，只要你们肯学，好学，就一定能够取得好成绩，考上你们梦想的学校！我衷心地希望你们，能在这三年内珍惜时光，好好努力，在三年后的这个秋天，能够成长，能够改变，成为你心中所期望的那个最美的自己，成为我们所期待的"向善之人，向上之才"。

我们要塑造好自己的品格，正如康德在《论教育》中提到的，第一是服从。这是因为即便我们不喜欢，在任何事情上都是有着某些必须要严格遵守的禁令和法则。这是我们正常成长和不断进步的保障，服从有时来自必要的强制，自愿的服从更重要。违反正当的禁令和法则，就是缺乏服从，接受惩罚就是很自然的。第二是诚实。诚实是品格的根本。一个撒谎的人受到的惩罚就是会失去别人的信任和尊重，就难以获得友好，将寸步难行。第三是合群。要能与同学保持友谊，替他人着想，帮助他人，不能只顾自己。一个以自己为中心的人，是很难有好朋友的。第四是上进。我们学校的办学理念是"向善向上，适性成长"。身为新时代的学子，你们应该有梦想，也应该认识到自己肩上所背负的历史和时代重任。我们学校将立德树人根本任务通过"育向善之人，教向上之才"的培养目标具体化，即"培养自己的人——爱党、爱国，培养好人——对他人有益的人，培养有用的人——日后对国家和社会能有贡献的人，培养幸福的人——实现抱负理想、体现人生价值和幸福生活的人。"同学们要记住习近平总书记"扣好人生第一粒扣子"的嘱咐，严格要求自己，成人成才，富有家国情怀和世界视野，爱家庭爱家乡爱祖国。在未来为建设中国特色社会主义，为建设一个更加美好的中国，贡献出自己的一份力量！

我的讲话结束之际，我想再次代表学校欢迎你们的到来。我喜悦，我快乐，我激动，因为我们的学校又迎来了一群可爱活泼的同学，一群在将来成就自己，为祖国贡献力量的青春少年。你们加入池州十一中这个大家庭，是我们全校师生的喜事和快乐！

### 致七年级新同学的一封信

亲爱的同学们：

大家好！

金风送爽，群英荟萃，就在今天，你们——一群朝气蓬勃的阳光少年们，走进了我们池州十一中——这个有着 56 个班级、3300 多名师生的大家庭，继续你们追寻梦想的美好历程。你们的到来，是池州十一中九月里最隆重、最欢乐的大事！在你们开始这个大家庭学习生活之际，我请九年级 13 班胡浩同学以我的名义，起草了这一封信，与你们聊一聊咱们的学校，谈一谈你们即将面临的初中生活。

我们学校是一所历史悠久、文化厚重、追求至善的百年名校。与池州一中是一脉同源、二水分流。前身是 1902 年创办的安徽省贵池高等小学堂，1912 年因图书仪器遭军阀破坏受到了孙中山先生的呵护。后历经贵池县立初级中学、皖南区贵池中学和安徽省贵池中学发展而来。在 1959 年就被定为安徽省重点中学。我们的学校，培育了一届又一届莘莘学子，造就了一大批优秀人才。如中国工程院院士汪曙光、建筑学家鲍家声、大亚湾核电站核电建设公司副总经理陈济民和少将何世德等。这奠定了池州十一中再铸辉煌的基石。

教育赋予的应该是向善的温暖和向上的力量。我们池州十一中的办学理念正是"向善向上，适性成长"，学校的愿景之一是"校园灵动温暖，学生向善向上"。近年来，在全体师生的共同努力下，学校获得了许许多多的荣誉称号，如国字号的"全国青少年校园足球特色学校""国防教育特色学校"和"'中国好老师'公益行动计划基地校"。我们学校还是"安徽省体育传统项目（足球）学校"，韩国求礼中学和求礼女子中学的签约友好学校。学校"旋风青少年体育俱乐部"被省体育局评为省级青少年体育俱乐部。我们的科技创新屡获大奖，如叶佳恒同学在第 31 届全国青少年科技创新大赛中就荣获了"创意之星"奖。每个学期，学校都会举办丰富多彩、妙趣横生的活动。如七年级入学的队列训练，八年级全员参加的研学旅行。体育类的有运动会、跳绳比赛、篮球比赛、定点投篮比赛和足球比赛等，文化类的有英文歌曲大赛、物理知识竞赛、诗词大会和演讲比赛等，艺术类的则有班级合唱比赛、书法比赛和各类摄影绘画比赛。学校的"十一"创新社、旋风足球俱乐部、樟树下动漫社和天琴音乐社等社团，欢迎新同学们加入并参与其中。这些社团经常有机会去参加市里和省里乃至国家级的比赛活动，并已拿回了诸多各层级的奖项。

说到这里，可能有同学会有疑问：这么多的活动，会不会对大家的学习成绩产生影响呢？其实不然。我们学校先后有 3 名同学获得池州市中考总分第一名，池州一中、省示范高中和市示范高中的达线率连续 12 年稳居第一。这说明了一个道理：花时间去锻炼身体、培养能力和提升自己擅长的素养，一定不会耽误到学业。这些更能让大家在忙碌而劳累的学习之余培养、发挥各自的特长，获得更多的体验和自信，得到身心的放松。能力、体验、品格和规则意识，往往比成绩更加重要。综合素质高，可持续发展的潜力大。这是城区几所高中老师对我们十一中往届毕业生的共同肯定。

大家要牢记：努力上进是初中三年最重要的事情。我们的校训是"善、谨、勤、实"，希望同学们在十一中的学习生活中，找到自己的乐趣、自信和优势所在。你的未来，并不取决于你现在有多好或多差。你来到池州十一中这个全新的环境里，当然要以全新的形象出现。如果你放弃了努力上进，就是放弃了师长、学校对你的希望，就是放弃了自己。如果你放弃了努力上进，用心的家长、负责的老师和优秀的学校，对于你都毫无意义。要想成绩好，秘诀就是下硬功夫，该听讲的认真听讲，该练的好好练，该提问的大胆去提问。别抱怨初中的大考小测多，这可是培养你的实力和证明你能力的宝典。我今天送给你们每一个人三个问题，作为见面礼哈，"我来做什么""我该怎么做""三年后，我将到哪里去"。这是帮助大家定好一个三年中要达到的大目标。然后在师长的指导下和与同学的同行中，奔着目标，每一天在努力、每一月有进步、每一年茁壮成长。

在我们的校园里，流行着这样一句话：自律胜过智商，越努力越幸运。千万别迷恋网络和游戏。记住：千万！否则，你就是在游戏你自己，使自己越来越虚幻。我衷心希望你们珍惜时光，善良上进，养成服从、诚实和合群的品格，承担好自己作为孩子的义务和肩负起自己作为初中生的责任。三年后的秋天，能成为你心中所期望的那个最美的自己，成为学校、老师和家长所期待的"向善之人，向上之才"。

顺祝：同学们一切安好，努力并快乐着！

你们的校长：汪炜杰

2018 年 9 月 3 日

# 延迟开学日　也是进步时

## ——2020年3月6日的高三同学线上班会课

同学们好！我是你们的校长汪炜杰。想必这段时间大家对朱自清先生的"这几天心里颇不宁静"真正是感同身受了。在家里闷久了，肯定想同学想学校，肯定念叨篮球场念叨校园超市吧。我们一定在感叹：生活正常，学习如初，岁月静好，在疫情的冲击下，竟然都变得那么遥不可及。所以，我们不能对家人苛刻，不能对他人苛求，不能对自己日常的岁月不珍惜。作为池州一中的学子，你们肯定更有"蜗居家中，自立自强，体悟危机，观察世界，心怀家国"的大格局！

突如其来的新冠肺炎疫情，使得我们的校园暂时关闭，学校不能如期开学。但是，我们的高考备考没有停摆，没有因为疫情而止步。我们超前谋划，克服困难，积极应对。在疫情最严峻的1月28日就开会研讨线上教学方案，随后根据一再延迟开学的通知不断优化调整。从2月7日开始，我们在池州市第一个对高三年级按在校的课表和班级开展分班线上教学，保证了同学们能够与自己的老师们隔屏相望守助、相聚网络两端并肩备考。优典教育公司给予大力支持，临时购置、安装和分发线上教学设备，保证了全体83位高三老师人手一套设备；我们的老师加紧熟练直播课程操作，从讲桌走向摄像头当起主播，网上教学比平时耗费的精力更多。截至2月底，高三年级线上教学的投入预算是20多万元，3月预算近10万元。钢用在刀刃上，物超其值。我认为，特殊时期，尽全力保障好同学们的线上备考是学校、老师义不容辞的责任和义务；特殊时期，除了疫情以外，除了湖北和武汉以外，最受关注和最应关心的应该就是已经吹响高考冲锋号的高三的同学们了。与子同袍，与子偕行。只要家校齐努力，师生同发力，哪里都是课堂、哪里都是书桌。"停课不停学"，5个字包含着学校和老师的担当，包含着同学们和家长的付出，包含着教育企业的善意和支持。

在举国面对严峻挑战和艰巨考验之际，没有人能够置身事外。同学们居家复习线上备考，就是应对挑战，就是经历考验。林清玄有一句话说得很好，"我们增长自己的智慧，是为自己开一朵花；我们奉献自己的心，是为世界开一朵花。"疫情阻击战中，医护人员、人民警察、解放军、普通志愿者、建筑工人、广大公务员和社区工作者，是在为世界开一朵花。我们高三学子，认真备考，体验危机，感悟高尚，理性成长，也是一种开花的方式。我们现在是见证者，是被保护者，在不久的未来我们就是担当者、保护者。

我在梳理百年贵中精神和继承现有校训的基础上，结合新时代立德树人的根本任务，将我们学校的校训提炼为"居敬持志，成己成物"。就是指抱守着敬畏认真、专静纯一的态度和原则，坚持自己的远大志向，为自己的高尚目标而不懈努力，在更新、完善自己的过程中，帮助和成就他人他物，追求人与人、人与物的和谐共生，造就新的良善的世界。学校本就是立己达人的社会场域，池州一中在百余年的岁月中培养了诸多为国家发展和社会进步做贡献的校友。池州一中的师生特别是学生应该有兼济天下的情怀和志向，要在居敬持志中不断地自我更新、自我完善，成就他人、他物，实现自我价值和社会价值，将内在的人格修养与外在的道德实践统一起来。在古希腊，什么样的人被称为"白痴"？不管城邦只管自己的人，也就是没有担当没有家国情怀的人。我坚信，待同学们成才之时，若国家有难，社会有危机，你们一定会迎难而上、化解危机。成就他人、回报社会、奉献国家最好的方式就是做更好的自己，就是更加强大自己。延迟开学日，也是进步时。

同学们！一切都在好起来，一切都会好起来。进入3月，疫情应急响应级别已经下调，企业分级复工复产，大中小学却未开学复课，开学时间原则上继续推迟。如果没有疫情，明天我们就会开始江南十校考试啦。对于我们已经居家进行线上学习1个多月的高三同学来说，"宅出草来、闷得发霉、憋出了内伤"，这些调侃的话，反映了我们焦虑不解的心理、烦躁不安的情绪，随着时间的延长可能会越来越强烈。同学们，响应级别下调并不意味着疫情警报解除，确诊患者"0"新增和清零并不意味着零风险，疫情持续稳降并不意味着拐点到来。特别是近期韩国、意大利、伊朗和日本等国疫情蔓延，境外输入、"倒灌"的风险日益加大，疫情阻击战还未到松劲歇气的时候。中共中央政治局常务委员会3月4日召开会议，习近平总书记指出"加强疫情防控必须慎终如始，……防控要求不能降低，继续抓紧抓实抓细"。我们每一个同学都是家庭的希望和祖国的未来。继续推迟开学，是为了守护师生健康安全，是为了昔日校园生活平安重来。学校正在为安全开学制定工作预案，就消毒水、测温仪等防控物资储备、各场所消毒做好准备工作。所以，我们必须继续强大自己的耐心，继续等待和守候。等到天清气朗，守到云开日出，我们再奔向校园放声诵读，再走向考场大显身手。

每临大事有静气！归有光在"仅方丈，可容一人居"的项脊轩，自己稍加修葺，便"借书满架，偃仰啸歌，冥然兀坐，万籁有声"。朱自清"这几天心里颇不宁静"，在月光下的"独处"中享受"无边的荷香月色"，在荷塘月色中，心静了下来。"大学之道，在明明德，在亲民，在止于至善。知止而后有定，定而后能静，静而后能安，安而后能虑，虑而后能得。"这段话出自《大学》开篇的首章，六个关键字成就一个完美：止—定—静—安—虑—得。止：崇高的目标；定：志向坚定；静：心静；安：神安，随处安稳（大家都很熟悉苏轼的"试问岭南应不好，却道，此心安处是吾乡。"）；虑：周详精细思考；得：收获，实现目标。同学们！生活即教育，社会是课堂。青少年时期的重大经历与危机体验会影响我们一生的成长与发展。以往，危机灾难、责任担当、敬畏自然、热爱生命、奉献祖国，对我们而言，往往是抽象的、遥远的。这次疫情，将这一切变得非常具体、真实，将我们拉得如此之近。我们高考之年遭遇的这场特殊危机，一定会让我们变得更加自主、自律，更加坚忍、坚定，会更加激发我们的进取心和担当精神。这场疫情就是教材，逆行者就是榜样。向大家推荐一首新近创作的歌曲——《生命在武汉接力》。歌中唱到"中华儿女顶天立地"！我们常说顶天立地的人都是"无私无畏"的，但我们可曾想到，他们也是儿子、女儿，也是爸爸、妈妈，也是丈夫、妻子，也是一个个有家有牵挂的人，也是会害怕会恐惧的人。正是因为如此，他们才更加值得我们尊敬和敬佩。我每每看到各行各业奋战疫情的身影和艰辛，都会不由自主地感动和震撼，时常会想起一首歌——《英雄赞歌》，"为什么大地春常在，英雄的生命开鲜花"。我想，我们日常的生活，我们的成长历程，特别是即将走向高考考场的我们，都需要豪迈潇洒、激昂振奋、理性冷静及吃苦耐劳的英雄主义。对于英雄主义，罗曼·罗兰有一句名言：世界上只有一种真正的英雄主义，那就是认清生活真相后依然热爱生活。同学们！我们是什么样的，我们的学校就是什么样的，我们国家的未来就是什么样的。对于现在的你们来说，世界上只有一种真正的英雄主义，那就是体验着线上高考备考的不易，依然坚持前行。同学们！假期实际上早已结束，我们现在是处于一种特殊的居家在线学习状态。在线学习，因为学习的硬件、自主学习和自我控制的能力、老师和家长监管的力度等方面的差异，学习效果也会有较大的差异。特别是，线上学习将师生在场状态切换到隔屏相望，家长从以前防火防盗防子女用手机用电脑到现在不得不让你们好好用，大规模线上同步授课考验着服务器的承载力，长时间的在线直播上课对老师们也是巨大的考验，凡此种种，同学们的自主自律就显得尤为重要了。其中最为关键的是我们对网络游戏、对网络社交与同对病毒一样，也要有很强的"免疫力"。老师和家长们最担心的是，病毒奈何不了同学们，同学们却有可能在线上教学中被自己被网络打败了。所以，有言论预测，居家线上学习对学生的学业成绩将是一个巨大的分水岭。还有调侃说高、中考将会如期举行，就是选拔自主自律的人，淘汰不能自主自律的人。

在此，我坚信我们的同学们，一定能够用坚忍和毅力构建起强大的自律精神，坚守住我们平时认真听讲、主动提问、保质保量完成作业和限时考试的好习惯。做到上课地点变了、老师授课方式变了，我们的学习要求不变，学习作风不变，学习效果更不变。无论我们现在的学业水平处于哪一个层次，我们都有自己的弱势学科，在自己较强的学科中都有相对薄弱的环节，我们一定要充分用好这段高度自主学习的时间补缺补差，充分用好这段高考备考的黄金时间，实现自我突破，通过网络，积极向老师提问请教，找到分数的生长点。越是顶尖的同学，越是如此。因为"尖子生的总分取决于自己的短板"。同学们！不忘本来，才能面向未来。克难攻坚是我们百年贵中一路走来的精神底色，立己达人是我们一中立足当下再续辉煌的价值追求。让我们在等待重返校园的时日里，管好自己，照顾家人，适量运动，适当家务，调整心态，保护视力，以乐观的心态、优良的学风、充沛的精力、拼搏的精神、自律的毅力，不辜负已经到来的春天，继而去拥有一个值得欢呼与骄傲的盛夏。你们的进步，就是我们心头的春意。用不了多久，你们就会重返熟悉的学校，就会重逢在美丽的校园。我和老师们等待你们意气风发地归来。借此机会，有两句话与同学们共勉：一句是古罗马诗人贺拉斯说的，"无论风暴将我带到什么样的岸边，我都将以主人的身份上岸"；一句是法国作家、哲学家加缪说的，"我并不期待人生可以过得很顺利，但我希望碰到人生难关的时候，自己可以是他的对手。"我们坚信：在阻击疫情的战斗中，世界必胜，中国必胜，武汉必胜！我们更加自信：2020年的高考，池州必胜，一中必胜，同学们一定能圆梦2020！

# 从工作室到共同体

名校长工作室是学习共同体和实践共同体，更是发展共同体，工作室成员既是跟跑又是领跑的梦之队。建设校长工作室，领航一批中青年校长成长，打造名校长团队，使工作室成为成员学校校长发展和学校改进的平台，成为本地区中小学校长研训的平台、基础教育提升的试验田和办学影响力扩大的助推器，是中小学名校长领航工程赋予名校长工作室的期盼与任务。

汪炜杰名校长工作室是第二期中小学名校长领航工程江苏基地班9个名校长工作室之一，2018年12月在池州市第十一中学挂牌成立。工作室成员来自中学、小学两个学段，有7位农村学校校长和2名县城学校校长。按照领航工程的要求和区域实际，在成立之初，我们将工作室建设的任务目标定为：领衔发展是前提，团队提升是根本，学校们进步是归宿。我们期待工作室成为相互学习、共同成长的地方，是共同体成员学校老师相互联系、共同进步的场所，是学校之间分享经验和感悟挫折、梳理问题和改进不足的平台。主持人与成员的关系定位是，"不要走在我后面，因为我可能不会引路；不要走在我前面，因为我可能不会跟随；请走在我身边，做我的朋友。"工作室的全体成员要有主动发展愿望和提升空间，出得来走得了，愿意同行，承受压力传导，致力提升，是有压力传导，更有精彩机会的学习共同体和发展共同体。

工作室在"认知学徒制"理论的指导下，基于区域教育整体发展水平不高和工作室成员主要来自农村初中学校的实际状况，与成员及其所在学校的问题对标，与成员及其所在学校改进的需求对接，以"理论与实践的生动统一"为建设方向，坚持"受累、受用、受益"的交互，助力校长成长。

**指导理论："认知学徒制"**

工作室成立之初，工作室成员共同解读了项目办和江苏基地有关工作室建设的指导意见，学习了首期名校长领航班学员有关工作室建设的经验介绍，明确了定位和明晰了思路：只有找到一种能够切实指引实践活动的理论，才能更好地在交互中成长。

"认知学徒制"，是一种从改造学校教育中的主要问题出发，将传统学徒制方法中的核心技术与学校教育整合起来的新型教学模式。其核心假设是：将学习者浸润在专家实践的真实环境中，能够培养学习者的高阶思维能力，即专家实践所需的思维能力、问题解决和处理复杂任务的能力。在带动工作室成员校长们发展的过程中，我扮演着师傅校长的角色。我与工作室成员之间的关系，就是"认知学徒制"中的师徒关系。

作为师傅校长，凭借自己的办学实践和领航学习平台，我倾囊传递自身的办学经验与智慧，及时传达自己参训过程中获得的经验、改变的思维和提高的格局，着力使工作室成员校长们在学校场域之中梳理、审视、反思和渐改办学实践。与此同时，我还一直贯穿提供情感上的交流与支持。极富挑战性和极具意义的是，在江苏基地导师的指导和领航班学员同学的帮助下，因人而异地设定一系列的工作室成员的个人学习目标，力图在理论与实践生动统一的路上，帮助他们达成目标，形成专属于他们个人的办学实践智慧。

**实践路径：四步骤工作流程**

在江苏基地的指导下，我们经过对"认知学徒制"的研究，构建了"实地调研——了解成员""现场展示——躬身示范""交流互动——化解困惑""批判反思——生成智慧"四个步骤的工作流程，促使工作室成员能够与主持人以实战的方式，共同精研细究办学实践场域，在真实情景中活动和交互，领悟和思考专家实践文化，借此获得成长。

实地调研——了解成员。实地调研是我这个师傅校长对工作室成员的办学实践情况进行了解的过程。同时，也是体现我自己对办学实践本质规律的把握程度，体现出能否根据不同的办学实际情况，对不同学校的发展方向、存在的问题进行精准诊断的过程。我的校长工作室挂牌成立以后，便按部就班地与工作室成员们共同走进成员校长的学校。参训一年来，参加江苏基地10次学校诊断、2次走进教育现场和5次名校考察，基地首席专家和导师们精准精彩的诊断反馈或考察点评，特别是每一次我们作为学员必须做出现场的口头反馈、点评和提交书面的心得作业，极大提高了我的实地调研能力。对到过的工作室成员的学校，我都能够将自己对学校办学成就的认识、对学校克服自身困难的独到经验、对学校优劣势的分析，以及对学校有待进一步努力的方向的判断，坦诚相告。我的表达，展现了我作为领航班学员校长对办学主要方面的理解，体现了我在观察学校时的观察框架和切入点，表现了我对学校实际问题改进的思维视角。如同我在江苏基地实地调研中得到提升一样，工作室成员不仅能够从我的发言内容中受到启发，更能够从我的观察框架和格局思维里获益良多。

现场展示——躬身示范。按照"认知学徒制"的模式，我通过示范和讲解，清楚阐释自己在处理日常工作、在办学行为背后的思考过程。工作室成员在我的办学现场中，认真仔细观察我的日常领导与管理工作，充分发挥主观能动性，把"听、看、问、议、思"的收获，进行统整和凝练。工作室成立后，根据每一位成员校长的实际情况，将他们依次带到我所在的安徽省池州市第十一中学现场学习。为了保证质量，工作室成员到我们学校后，不仅可以360度无死角参与到学校的各项事务之中，而且可以随时、随地向我或者领导班子成员、教职工提出问题。从学校文化建设、课程建设、教师队伍建设到校园安全保障，我们全方位呈现自己的做法与思考。工作室成员东至二中初中部的吴秉华校长评价道，池州十一中在"自然味""孩子味"和"教育味"三味俱全中实现了生态、形态、文态三态和谐共生，真正是一所"在应试背景下致力于规范办学、追求卓越发展，并且比较好地实现学生全面发展的一流初中"。

交流互动——化解困惑。化解工作室成员办学困惑的过程，也是形成对教育的深刻理解的过程，更是工作室发挥引领辐射功能的抓手。除了从整体上展示自己的办学实践以及实践背后的思考，我还与工作室成员及时进行一对一的交流互动，以此化解工作室成员有关办学实践和教育理解的困惑。基于"认知学徒制"下的学习是情境与文化互动的结果，在江苏基地和领航班校长学员们的支持下，我还定期分批安排工作室成员参加基地组织的形式多样且含金量高的集中活动，走进领航班校长同学的学校全程参与诊断调研、工作室挂牌或现场研讨会，为他们充分提供情景学习、社会性交往和专家实践文化考察，在利用高端平台和优质资源中实现借力答疑解惑，实现引领辐射。工作室挂牌成立以来，围绕"农村初中教师难进易出""山区九年一贯寄宿制学校绩效工资杠杆作用的发挥""农村小规模初中学校的校本教研制度""校长应当责任担当与学习创新并举"和"校长的服务意识"等议题，我们工作室组织过多场交流互动活动。在交流互动过程中，严格把握"非判断性回应"的原则，不对工作室成员的办学思考与实践做对或错的回应，而是鼓励他们进一步厘清自己的想法与实践活动，阐明其背后的依据，启发他们继续思考。为了让工作室成员能够站高望远，我积极搭建平台，邀请省内外专家到不同成员校长所在的区域举办主题讲座，让成员在和专家们面对面的交流中，拓宽视野，化解困惑。工作室成员胡龙胜校长所在的安徽省东至县至德小学，创办之初，面临着诸多困难——师生分流不顺、设施不全、人员不足……但至德人不畏艰难，砥砺奋进，在工作室的助力下，坚持以文化人，走出了一条"德文化、行教育"特色发展之路，探索出了"一三四"办学路径。即一个核心（理念）、三块领域（管理、师资、学生）、四项工程（环境、规范、教改、养成），取得了良好办学效益。学校于 2015 年荣获全国未成年人思想道德建设先进单位，2017 年荣获全国第一届文明校园等荣誉称号，2020 年 8 月通过全国文明校园复评，2020 年 12 月至德小学少先队荣获"全国优秀少先队集体"荣誉称号。

批判反思——生成智慧。反思和清晰表达，是"认知学徒制"的教学方法。

与专家或成员之间的交互过程，无论是产生正面的效果还是负面的效果，我们工作室的参与者都要与自身特定的情境密切联系，将自己的思维、问题求解或任务完成过程，与专家和其他学习者进行比较，以修正或启示自己，通过反思，不断地建构、调整，以生成属于自己的实践智慧，获得自己的问题求解策略。并且不断地对自己、师傅校长和专家的实践活动进行澄清，找到背后的依据或价值。我为每位工作室成员准备一份成长档案文件夹，帮助他们对自身的价值观、信念以及行为系统进行清晰的陈述，从我要成为怎样的校长到如何做校长两个层面进行反思。在此基础上，结合研习相关的理论研究成果，返回头审视自己的陈述，并加以转化或修正，形成新的认知。根据工作室的三年整体发展规划，我要求工作室成员要发之笔端，用文字展现自己在工作室成长中的"清晰表达"和"反思"。

### 结论与展望：起步实挑战大

工作室成立以来，基于"认知学徒制"的相关理论，我在工作室中努力扮演着自己作为师傅校长的角色。虽然起步开局取得了一定的效果，但挑战越来越大。一是更加深入、专业地对"认知学徒制"进行研究，以期更好地实现工作室成员及其所在学校的提升；二是持续关注工作室成员的困惑和问题，作为"师傅"的自己，必须具有高超的帮助能力和技术；三是为具备"认知学徒制"所需的情景学习、社会性交往和专家实践文化等基本要素，必须持续去谋求多维度高层次的资源；四是提升自我成就学校、培育骨干形成特色和带动区域辐射周边的目标任务的实现，非常艰巨。我们全体工作室成员要在反思中坚守"先把自己长成一个个好盆景，再连成一道好风景"的成己成物的理念，坚执本真教育、家国情怀理和服务意识，坚持系统学习教育理论、真实研究教育问题、持续发展所在学校，以及用我们的力量影响本地区教育改革和发展的共同任务。在项目办和江苏基地的强力支撑下，我们志同道合的工作室成员们，一定会在"认知学徒制"指导的工作室活动之路形成越来越有力的共同体。

# 润德化人：校长的文化情怀

# 教育帮扶就是成己成物

教育对口支援是责任担当。为贯彻落实中共中央、国务院关于打赢脱贫攻坚战的决策部署，教育部决定2019—2021年期间，组织"国培计划"中小学名校长领航工程培养基地、名校长领航班学员及名校长工作室成员、名校长现任职学校骨干教师，开展"凉山教育帮扶行动"。作为江苏基地的校长领航班学员，我和工作室成员积极响应号召，克服困难，勇担使命，主动作为，投入到这场意义重大、责任重大的教育帮扶行动中。

从2019年9月开始，我们每学期选派骨干教师到江苏基地结对帮扶的四川省昭觉县支教。工作室选派的教师全部安排在昭觉中学支教。在选派骨干教师支教的同时，我们向昭觉县教育体育和科学技术局赠送了价值3.8万元的幼儿绘本和小学绘本，助力昭觉县2020年接受义务教育均衡发展验收。我们支教的满其军老师，在自己的朋友圈中组织社会爱心人士和爱心企业，与昭觉县有关方面积极对接，计划为昭觉中学品学兼优的高三贫困学生和昭觉县贫困中小学生完成学业提供持续的经济援助。

输送优质师资，帮助解决昭觉中学骨干教师短缺困难，引导带动教师提升教学能力，有效提高办学质量，是我们结对帮扶的重中之重。支教团队在与学校新教师开展师徒结对帮扶活动中，强烈感受到新教师的课堂驾驭能力和教育教学方法有很大的提升空间。比如新教师课前设计，选择教学目标上芝麻和西瓜一个都不能少，求全求多以致教学容量大、重点不突出；课中引导，提出的问题学生还未充分思考就迫不及待地公布答案；教师经常一讲到底，忽视学生的存在；课后检测，忽视学生差异，用一把尺子布置课后检测，效果不明显。

针对上述问题，支教团队在综合分析后采取因地制宜、因人而异的帮教措施。一是重视教学设计的指导。"看"教学设计是否在持续改进，教学重难点的设计是否关注学生薄弱知识链，是否关注方法的指导，是否关注课堂有效训练；"听"教师提出问题的启发性、学生探究结果的独特性、师生互动的流畅性。二是对新教师开展针对性指导。指导新教师依据学情确定重难点和采用灵活多样的方法突破重难点，注重激发学生主动参与的意识和关注学生独特的情感体验，从实践中摸索教学规律。三是同课异构展示支教风采。相同的是文本，不同的是每个人独特的教学设计和课堂教学艺术风格，带来的是教学理念的碰撞，在新教师中产生了"课可以上得更好"的思想火花。四是以赛代练促成长。赛课中新教师采用启发式教学，运用多媒体辅助教学，带领学生突破教学重难点，提高教学能力。赛课后学校领导班子、教研组长、青蓝结对教师及支教教师齐聚一堂，就参赛教师的课进行点评，针对课堂的得失和改进措施提出宝贵意见。

我们的团队在教育帮扶中深刻认识到教育扶贫的价值。脱贫致富不仅要注意富口袋，更要注意富脑袋；价值治理是学校管理的至高境界；价值引领是教育家型校长应有的内涵。

"居敬持志，成己成物。"我们要抱守敬畏专静的原则，坚持自己的远大志向，在不懈成长和更新自己的过程中，帮助和成就他人他物。共筑凉山攻坚好梦，我们再接再厉奋力前行。

# 教育的朴实

自 2005 年至今，我已有 15 年的校长经历。15 年来，我一直敬畏地怀揣着心中的教育理想：用教育家精神做朴实的教育，在区域内成就应有的教育精彩。做朴实的教育是我的教育情怀。随团赴英国研修学习，我感受到了英伦教育的朴实，更丰富了我做朴实教育的信念和内涵。

——题记

2019 年 10 月 13 日—27 日，在国家教育行政学院远程培训中心主任于维涛先生的率领下，我们来自全国 11 个省、直辖市的一行 18 人组成的"国培计划"中小学名师名校长领航班海外培训项目中学校长团，赴英国伦敦、曼彻斯特两地研修学习。15 天的培训期间，分成四个小组的我们参访了 4 所中小学和 3 所大学，聆听了 6 场专题讲座，对英国基础教育的学段划分、公校私校、考试制度和评价体系，有了全面的了解和系统的认识。英国中小学的办学理念、治校方式、教育教学和师生风貌，值得我们学习借鉴和反思改进。

以下是吉林二中张慧老师、甘肃甘南州合作一中李建荣老师和我合作的第一小组学习小结。

**简朴实用人文的教育设施**

英国教育设施的利用是非常理性的，外表并无多少华丽的装饰，内设却很实用。参访的 4 所学校校门都不起眼都不气派，有的教学楼有近百年的历史。大多数房子都是一室多用的，既是教室又是办公室，同时还是学生的手工作品陈列室。教室装饰美观实用，没有黑板和一体机，只有供书写的白板和投影用的电子白板，学生的铅笔、尺子、橡皮等学习用品一应俱全。

中学教室是按照学科课程分布设置的，便于"学生找老师"的走班制上课。比如，物理、化学、生物课会在专门的教室上，这里既是教室也是实验室，几乎每节课老师都要做实验，仪器和设备的使用率非常高。实验室不高档也不漂亮，但是实用。

英国校园的简朴与我国大多数校园的气派形成了鲜明的反差。国内许多学校，特别是重点中学，为了体现现代气派，体现学校办学实力，有些名校的校门动辄上百万，气派非凡。英国的校园建筑反映了简朴、实用和人文的教育理念，营造了建筑简朴、书香浓郁、文化源远流长的教育环境。反思我们的学校建设，是否过于追求表象，而忽视了人文气氛的营造和实用功能的彰显呢？

### "以人为本"的校园文化

英国中小学的校园文化处处洋溢着"学生本位"气息，自然朴素，缤纷灵动，是为孩子们做的，是孩子们自己做的简单真实的文化。学校走廊、教室里有各种与学生个子差不多高的开放的书橱、书架，孩子们可以随手翻阅图书。每个学校都为孩子安排了阅读课。无处不在的阅读，让孩子们从小养成了爱读书、会读书的好习惯。走廊和教室里，学生的手工作品、绘画作品展示、各门学科的学习目标及阶段性学习内容、学生自我表现情况的展示等等，真可谓是五彩纷呈。学校充分利用每一处空间，各种各样的"作品"或吊或挂，校园充满着浓浓的孩子味。

真正的校园文化应该是给孩子做的，是孩子自己做出来的本真文化。英国校园文化体现的是真实的教育生活，是课程的组成部分。学校不仅是传授知识的场所，更是培养精神气质的圣地。走进校园不是为了走进一条课本知识的胡同，而是走向一片追求真善美的广阔原野。

反观我们国内许多中小学的布置环境，往往更注重外在的价值取向，是为了给别人参观、应付检查的。我们应该更多地站在教育的高度，站在每个孩子的角度，让孩子自己营造属于自己的校园文化。


### "每一个孩子都重要"的教育理念

英国政府于 2003 年颁布了《每个孩子都重要：为孩子而改变》的绿皮书。"每个孩子都重要"也是我们在英国培训期间感受最深的一句话。"每个孩子都重要"的理念就是：协调所有的服务部门，使得每个孩子都能得到所需的帮助和支持。关心每一个孩子的健康与安全，最大限度地保护每一个孩子的兴趣与爱好，帮助每一个孩子提高成就目标，激发每一个孩子发挥最大的潜能，是学校教育教学工作最基本的目标与任务。

对英国几所学校的参访，我们强烈地感受到了从校长、教师到志愿者，无论是在教学理念上，还是在具体的教育教学行为中，都有一种对每一个学生的关爱意识。无论是天才儿童，还是残疾智障儿童，英国的教育工作者都在努力寻找最适合他们的方式方法来培养。他们不希望任何人掉队，也希望更多的人能够包容并且理解这些特殊人群。在英国，学校和教师必须为所有的孩子提供平等的受教育机会，不论性别、种族、宗教信仰、身心状况和来自怎样的社会文化背景。为了确保所有孩子都能得到平等而优质的教育，学校必须制订针对智障、残障、英语作为第二语言等有特殊需要学生的相关措施，确保机会均等。

我们的基础教育，在应试教育的压力下，一些学困生、后进生等问题学生不得不被教师淡化甚至放弃。我们也在强调和落实"学生为本"，我们为公平而有质量的教育一直在努力着，但在理念落地方面，还有许多事情要做，还有很长的路要走。

### 平等民主的师生关系

平等民主的师生关系，不仅有利于学生知识的积累和动手技能的发展，更有利于学生健全人格的形成和社会交往技能的培养。在英国，无论是学校的校长还是普通教师，都极为重视发展平等民主的师生关系。

尽管师生在教室里身份不同，但教师既可以站着讲课，也可以坐着说话。给我们第一个开讲座的 Ken 先生为了缓解学生的压迫感和紧张感，经常跪在学生桌椅旁边答疑解惑。学生对教师讲的课如果有疑问或有不同观点，可以随时举手提问；教师看到学生举手，会马上中断讲课，请举手的学生发言。教师并不将考试成绩作为评价学生的唯一标尺。学生上课不会回答教师的问题，教师不会批评学生、不会歧视学生，而是给予更多的鼓励。教师尊重儿童的个体差异，不追求统一。尊重儿童的不同能力，尊重孩子的兴趣，重视孩子的个性发展，使弱势群体能得到充分而特别的呵护。

良好的师生关系是提高教学质量的保证，也是精神文明的重要体现。由于老师、学生天然的不对等，再加上学生的意识缺乏，构建平等、融洽师生关系的责任主要在于教师，只有教师多尊重学生，以平等的姿态和学生交流，在学习之余关心学生的生活以及家庭背景，这样的教育才是成功的。孔子与弟子之间就建立了一种和谐、融洽、人格平等的师生关系。

### 关注整体效能的督导评估

国家督导办公室系英国教育部下属准官方机构，定期对中小学、幼儿园及在家受教育者进行独立的督导，并评定等级。督导结果体现在其报告中，政府、校董事会和家长十分关注督导报告，学校据此不断改进。

英国教育质量督导标准是一个由 80 多个细节组成的监测体系。这种独立、专业、严密、频繁、严厉的督导，确保了学校教育质量的透明性和评价的客观性，以及教育问题的及时发现和纠正。关注学生的长远、全面发展，要求教育教学具有持续的影响力；关注校长、学校管理层及教育监管者的领导力问题，强化了问题导向和实践提升要求，杜绝成绩平庸学校的存在，提高了对所有学校的督导质量要求；关注五个方面的成效：学校的整体效能、领导和管理的有效性、教学和测评的质量、个人发展、行为和福利、学生成绩。分五个评判等级：杰出、好、有待提高、不合格、特别关注学校。通过这些评判和等级的划分督促学校全面发展，这不失为一项惠民而睿智的教育举措，全国统一的督导评价指标体系的建立和实施对英国教育产生了极大影响。

我国教育督导的行政独立性弱，督导的专业针对性不强，在发挥教育发展监督、评价和专业引领方面空间很大。特别是在增强教育督导的科学性、权威性和公信力方面大有作为。

### 分等级和重分流的考试体系

中国基础教育阶段的大考无外乎中考和高考，一般都是相对的统一标准，而英国却是不同标准的级别考试。中国的高考、中考是省市统考，中高考成绩是主要依据，重点高中、名牌大学为主要目标。英国政府为全国五至十六岁的学生提供强制教育，并强制规定：离校学生的最低年龄是十六岁，一般学生在离校前会报考普通中学教育文凭试（GCSE）。学生在取得 GCSE 文凭后，可以选择就业或升读 A-Level 课程。A-Level 课程学制为 2 年，A-Level 考试成绩为英国大学的入学录取标准。因此，GCSE 考试的分流功能十分明显，不少学生在 16 岁的时候便离开学校进入就业市场。因而，普通中等教育证书考试的成绩一方面代表着义务教育阶段学生的学习水平，同时也代表着未来劳动力的基本水平。

GCSE 一般指英国中学教育的最后两年（10 — 11 年级）的义务教育课程，学生根据自己的能力可以修读 5 — 10 门课程，读完后参加 GCSE 考试，随后凭GCSE 的成绩申请 A-Level 课程。

A-Level 是学生进入大学前的准备课程，为期 2 年，第一年称 ASLevel，第二年称 A Level。学生在第一年可根据自己的兴趣爱好，并结合以后的专业申请方向选择 4—5 门课程学习，第二年则可以将重点集中在自己的强项课程，选择其中的 3 或 4 门课程学习，从而参加 A-Level 考试。分为 A*、A、B、C、D、E 六个等级，A-Level 考试成绩是英国大学录取学生的重要衡量标准。

**优势与劣势分明的基础教育**

英国基础教育的优势主要体现在教育理念是从小教给学生方法、独立自主，动手实践，培养学生的创造性；学校注重人文关怀，重视培养学生的领导力、合作、竞争能力。在教学方式上注重因材施教，在教学过程中注重引导学生进行自我探究和知识的建构，寓学习于游戏；有优质团队探索脑科学，研究如何学习，小班授课，确保每一个孩子都重要。办学模式多元化，公校、私校特色分明；学校全方位管理，家长委员会、校董会发挥作用极大；教育评估标准化，教育质量标准局 ofsted 的评估促进学校发展；越来越多的学校有自主自治的权利，可以自主地设计课程，达到教育目的。

英国教育劣势也明显，执政党频繁变化导致教育政策连贯性差，甚至前后相反，干扰大，不受老师们喜欢；21 世纪以来教师的社会地位和工资水平不高，很难吸引优秀人才，教师离职率高，不少中小学校一直面临教师短缺难题，数学学科教师更为明显；政府对部分学校的支持力度减弱，学校设施更新跟不上，不能全方位培养学生；很多学校学生纪律问题严重，导致优秀的学生受影响较大，家庭教育与学校要求相背离；如何有效控制中小学生过度使用手机有不小的挑战；校长很少有时间和精力进行教学工作，需要应对各种事务；有些校董管理比较传统，反馈决策比较慢，解决问题效率低；学生在校时间短，上课时间少；GCSE 的各种考试机构为了吸引更多的学生报考，不断将试题难度降低，导致考试质量逐年下降，判分松，A 等级超过 10%，大学抉择困难，失去了其应有的信誉等等。

对比我国现在强大的经济实力、不断增长的教育经费、政府高度重视基础教育的发展和教师社会地位、经济地位不断提升，让我们充满了信心。

他山之石可以攻玉。中国基础教育应该借鉴英国倡导学生主动探索、亲身实践的理念，实施理解性教学，让学生感受到探索真理的乐趣，并且逐渐培养学生的创新意识。中国基础教育应该研究如何更好地促进学生的个性发展，在教学过程中关注每一个学生的发展，为学生营造一个合作学习的氛围，教会学生学习的方法，通过"活动"呈现教学内容，让学生在轻松愉悦的氛围中掌握知识。

中英两国基础教育的现状与两国的历史、人口基数、文化传统、经济发展状况、教育体制等因素有着密切的关系。分析中英基础教育的现状，离不开对两国基本国情的考虑。我们应当有世界眼光，开放的胸襟，广阔的视野。英国的教育观念及方式对我们教育教学理念的创新、教学行为的规范、教学思考的深度及广度都有借鉴意义。在学习借鉴中，我们更加增强对我们自己的教育进步、成就和前景充满自信。

# 人文是人类的心灵港湾

## ——2020级池州一中第一届人文探究夏令营开营式讲话

同学们：

恢复高考以来，我们池州一中人文学科优势明显。1984届校友韩敬群和2005届校友余子宜，荣获当年安徽省高考文科状元。2020年，教育部出台聚焦数、理、化、生、历史、哲学、古文等相关基础学科的"强基计划"，北大、清华等36所双一流高校试点强基计划招生。为弘扬我校"文理相通，全面发展"的传统办学特色，为帮助人文学科见长和具有文科禀赋的高一新同学了解我们第一次举办的文科试验班这个优质的成长平台，并做到冷静判断和务实选择，我校举办"池州市第一中学第一届高一学生人文探究夏令营"。

我们安徽省2020级高一新生不实行新高考，到了高二文理分科将照常进行。参考媒体上的有关内容，与同学们交流一下学文学理的话题。

今年高考，湖南耒阳的留守女孩钟芳蓉高考676分，文科全省前五。受曾任敦煌研究院院长樊锦诗先生的影响，计划未来要读研深造、做考古研究的钟芳蓉，报考了北京大学考古专业。这个决定让广大吃瓜群众为女孩心生"担忧"："怎么会选这种冷门专业，姑娘要现实一点儿啊。""考这么高的分不去读经管，真的可惜了。"

高中文理分科如果选择文科，就会有"提醒"的声音：恭喜你，选择了一条拥挤而狭窄的路。现实中普遍存在这样一个认识：绝大多数选学文科的同学，并不是因为更加爱好文学历史，而是因为数理化学不明白。所以，在文理分班时，就进行了一次智商筛选。换而言之，就是出于学不好理科的无奈，才不得不选学文科。其实，这否定了其中有很多人是出于兴趣和专长选学文科的。

这里要说的是：有不少人是学不好文科而选学了理科！尽管在升学的抉择中存在文理分化，但在一个人应有的教育里，不管是数理思维还是文科素养，都是不可缺少的部分。将文理两科简单粗暴地分割成两个对立的阵营，本身就是错误的。文科的学习从不意味着浅显单一、死记硬背。想学好文史类知识，记忆能力很重要，但逻辑思考能力、信息的搜集整合输出能力，以及知识面的多元化等都必须在线。文理科各有特点，考试难度也有所不同。文科难在分数区分度低——想脱颖而出拿特高分，或除重大失误外拿超低分都不容易。

各路薪酬榜、就业排行，也在不断给人们渲染一种错觉——似乎只要不选文科，就能大富大贵了。实际上，对于大多数普通理工科学子来说，好的出路都不太容易找到——这对文理科同样适用。争取一份理想的职业的机会，最终靠的不是你学了哪门专业、读的文科还是理科，而是你在这个专业上做得有多好。归根到底，还是取决于个人的能力。

文科知识直接变现的就业岗位，确实在数量和收入上处于相对劣势，很多人在生存压力下有"文科不如理工科"的认识也可以理解。但是，大学里无论学什么，如果把毕业后直接变现作为唯一目标，那只能说三观，尤其是对漫长人生的认识，还太浅薄。

如果不唯直接经济效益论，而是在更长的时间跨度更全面地认识和评价生活和事业，文科并不处于劣势。鲁迅先生不就是弃医学文吗？文科是用来武装人的思想，而理科是用来武装人的双手，缺一不可。人文工作是很长时间内，最不易被人工智能取代的。文科经济学出来可以做金融业、策划、文案、律师、行政、财务、市场营销、记者、编辑等等，其中不少专业走到管理岗的话，工资是不输理科的。而且公考有不少专业也是只要文科。现实中文科专业（比如汉语言文学）在二三线城市的考公考编中基本是无敌的存在。

单就钟芳蓉所选择的考古专业的未来出路而言，哈佛大学历史学博士林蕾

Lei 提到，其所了解的北大考古出身的人，有在国内外高校做考古或艺术史教授的，有在北京故宫博物院做研究员的，有在上海、伦敦、香港各大拍卖行做古董鉴定和估价的，有在纽约经营画廊、做艺术品管理的。上述诸位，还都是没转行、直接利用了自己的考古背景。还有转行的、自己创业的，这里面哪个不是生活无虞、中产以上？

文科人才的培养，需要时间的沉淀，需要静水深流。它也可以面向市场，成为一门实用技术。2018 年，教育部高教司提出"新文科建设"，有学者认为，新文科的发展要回应新需求，促进融合化，如尝试与人工智能、大数据、5G 技术等新科技的交融。

拥抱技术是一条路，注重学术深度、培养高层次理论人才，也是不能忽视的方向。中国科学技术大学在"科技人文发展专家咨询会"中表示要大力发展新文科，校长包信和院士提出，"培养的引领型人才不仅需要具备较强的科学技术基础，还需拥有人文智慧和科技伦理"。清华大学今年 4 月也举行了文科机构建设座谈会，统筹思考大文科发展的整体布局。校长邱勇表示，正是因为清华文科的发展，清华才成为真正意义上的综合性大学。

读书最大的意义，就是"能够拥有对人生的自主选择权，去最好的学校，读自己喜欢的专业，何其有幸"。如果能抱着这样的信念，不管一个人拥有的是什么样的未来，一定都不会太差。一位文科男的内心告白，会对我们有所启示。"我是个地道文科男，从小喜欢地理、历史，高中时无论是基于爱好还是基于考试成绩，都是一定会学文科的。高考时报了传媒专业。学文科给我的好处会伴随我一辈子，起码我每次看到一篇新闻报道都会稍微用点儿专业视角去分析，起码我出门旅游到了每个地方都能说出当地的历史文化，去了博物馆不至于只会对着文物说好美。此外，因为学过旅游，还能够简单分析当地的城市规划、交通规划和旅游资源规划怎么样。这种快乐，这种思维上的突破，这些精神上的富足，是那些所谓追求实用主义的人感受不到的。"

同学们，勇于追梦，未来可期。未来学文科也好，选理科也罢，希望你们都是发自内心所爱，而不是为了逃避困难被迫选择捷径。要知道，大家都认为的捷径，才是最拥挤的。倒不如勇闯困难，路才能越走越宽。

预祝夏令营活动圆满顺利！希望你们从夏令营起航，成为富有理性和担当、富有家国情怀和成己成物抱负的人！

# 学习科学家的情怀和博学

## ——2020 级池州一中"钱学森班"夏令营开营仪式讲话

同学们：

"云天收夏色，木叶动秋声。"昨天，立秋不约而至；今天，群英汇聚一中。非常感谢同学们对池州一中的信任，热烈祝贺同学们凭自己的硬核实力在激烈的竞争中入选池州一中"钱学森班"。

池州市第一中学，又名"安徽省贵池中学"。1902 年，贵池高等小学堂；1926 年，贵池县立初级中学；1946 年，安徽省立贵池中学；1949 年，贵池县立初级中学与安徽省立贵池中学合并组成当时池州唯一的完全中学——皖南区贵池中学（校址在今池州市贵池区秋浦中路 109 号）；1952 年更名为安徽省贵池中学；1959 年被定为"安徽省重点中学"；2000 年在池州率先被评定为"安徽省示范高中"；2009 年 9 月更名为池州市第一中学（安徽省贵池中学）；2010 年 8 月从秋浦中路 109 号迁至升金湖路 698 号。

我们学校的校训是"居敬持志，成己成物"。寄望我们一中师生抱守敬畏认真、专静纯一的态度和原则，坚持自己的远大志向，为自己的高尚目标而不懈努力，在成就自己的过程中，帮助和成全他人他物。

同学们，"钱学森班"是以我国航天事业奠基人、杰出科学家钱学森命名的人才培养创新平台，是中国航天第十二研究院在全国范围内选择特色大中小学成立的，旨在弘扬钱学森"爱国、奉献、求真、创新"精神，提升学生科技、人文等方面素养，培养后备科技人才。2018 年我校"钱学森班"的设立，是池州市人民政府与中国航天第十二研究院战略合作的其中一个重要举措。为弘扬钱学森先生"国为重，家为轻；科学最重，名利最轻。五年归国路，十年两弹成"的精神和成就，在市委教育工委的坚强领导和精心指导下，我校从 2020 年开始提升和优化"钱学森班"的办班机制。以"为超越而来，奔卓越而去"为办班追求，以"爱国情怀，创新能力"为办班宗旨，实行自主招生和提前批次录取，三年磨一剑配优配强师资，三年一盘棋创新课程安排和教学模式。

今天，借这个机会，将我看到的一个故事和两个字分享给同学们，并告诉同学们要明白的三个成长目标。

一个故事：非洲草原上的尖毛草，有草地之王的美称，但它的生长过程却十分奇异。在最初的半年里，它几乎是草原上最矮的草，只有一寸高，人们甚至看不出它在生长。在那段时间，草原上的任何一种野草，长得都要比它旺盛，没有人能看出尖毛草会是今后的草地之王。但半年过后，雨水到来之际，尖毛草就像被施了魔法一样，以每天一尺半的速度向上疯长，三五天的时间，它便长到一米六至两米的高度。大片的尖毛草，就像一堵突然竖起的墙，让人感到无比的震撼。科学家研究发现，尖毛草其实一直在生长，但它不是在长身体，而是在长根部。在长达六个月的时间里，尖毛草的根部长得超过了 28 米，无声地为自己的将来做准备。当蓄积了足够的营养和能量后，尖毛草便一发不可收，在短短的几天时间里，一下子长成了草地之王。原来，尖毛草默默地积攒能量，在不声不响中养精蓄锐，当其根基远远超过其他草时，奇迹发生了。这就是厚积薄发啊！高中是基础教育的顶端。为适应社会生活、接受高等教育和未来职业发展打好基础。良好而有度的教养、乐观而强大的心理、刻苦而持恒的学业，健康而耐力的身体，爱国而担当的情怀，创新而深刻的思维，这就是你们高中三年要打下的重要基础。

两个字：第一个字是"拣"。孟子说，鱼与熊掌，二者不可得兼，舍鱼而取熊掌者也。所以得挑拣和放弃。拣，不是拈轻怕重、挑三拣四，而是要明白：人生不同的阶段，各有重点；同一阶段，必有主次。《大学》里有句话："物有本末，事有终始，知所先后，则近道矣。"先做什么、后做什么，何为主要、何为次要，都要做些考虑。课堂决定一个学生学业成功的百分之九十，课堂是教与学的"主阵地"；好问甚至比勤学更重要。只有学生好问，老师才能了解学生当下的学习状态，才能明白学生的学习达到何等层级。更重要的是，只有学生好问，才能增强师生的对话。

第二个字是"检"。《周易》"君子终日乾乾，夕惕若厉，无咎。"《论语·学而》中曾子曰："吾日三省吾身——为人谋而不忠乎？与朋友交而不信乎？传不习乎？"每天花个10分钟，反思自己的学习，反思自己在学习什么以及如何学习。如打草稿和答卷。"答卷是会开口说话的。"高难度的竞赛考试和满分追求，往往要求我们的思维既深刻又严谨。应对之策是从小处着眼，细处着手。从解题的草稿工整、清晰做起。如果喜欢乱涂乱画或是草稿很乱，说明思想中存在轻率、混乱的成分，这是审题能力、计算能力、细节能力等严重不足的表现，远不止简单的"粗心的毛病"。要花时间"拨乱反正"，将认真打草稿内化为一种学习习惯；如是否合作、讨论。社会建构主义认为，一切高阶技能的产生都源于社会互动。个体性的学习和集体性的学习都是重要的学习经历。合作——能团结人，乐于帮助人，愿意求助于人。

三个目标：我们学校的育人目标是"为超越而来、奔卓越而去，培养有理想、有本领、有担当、理性和德行协调发展的高中毕业生"。围绕这一育人目标，从"钱学森班"的办班宗旨和同学们的实际出发，我们提出三个具体目标。一是重点培养自己良好的心态和心理品质。既有个性情趣，又能正确对待挫折和成绩；既能自我设定目标并及时修正，更能积极主动地去实现目标。二是以 T 型人才为追求。T 的竖线代表深度，代表在一个专业领域内的专业技术和能力；横线代表与他人合作的能力，思考大事的能力，学习新东西的能力。三是文理兼通、博专相成。怀特海在《教育的目的》的开篇就说：我们的目标，是要塑造既有广泛的文化修养又在某个特殊方面有专业知识的人才，他们的专业知识可以给他们进步、腾飞的基础，而他们所具有的广泛的文化，使他们有哲学般的深邃，又有艺术般的高雅。同学们进入这个班，发展方向基本上是理工科。但是，同学们一定要做到文理双修、全面发展，注重综合素质的培养和提升。钱学森先生一生追求真理、学贯中西、博古通今。他的卓越英名、伟大精神和光辉事业早已深深融入几乎每个中国人的心灵血液之中。他的科学成就、学术思想、精神风范和人格魅力，是中华民族的宝贵财富。正是优良的家学家教奠定了钱学森先生文理兼通、博专相成的发展基础，终使钱学森成就了振兴中华、造福人类的一代伟人、科学大师。

林肯说："人所能负的责任，我必能负；人所不能负的责任，我亦能负，如此，才能磨炼自己。"这对我们所有的人都应当是激励和鞭策。同学们，自己去承担自己的学习责任和成长责任，特别是挫折责任，更要去承担家国责任。我们要坚定自己的抱负理想和报国信念，精益求精练就过硬本领，体现自身价值中快乐地生活，成为爱家庭、爱家乡、爱祖国的人，融入社会对他人有益的人，对社会进步和国家发展有贡献的人。

预祝夏令营圆满成功，同学们开心快乐！

# 要有国际意识

## ——谈中学历史教学中的国际意识教育

在历史新课程改革的推行中，我国传统上的"国际主义教育"正在向"国际意识"教育的方向转化。本文基于中学历史教学的视野，对国际意识的内涵、国际意识教育的基本认识、国际意识教育的教学方法问题进行诠释和探索。

### 何谓国际意识

国际意识是一种思想意识，是人们情感态度与价值观的组成部分。这种特定的概念尚无权威或严格的界定。一般而言，国际意识又称全球意识、世界意识，指的是站在世界的高度了解世界历史和当今国际社会，关注人类共同的命运，评价本国在当今世界的地位和所起的作用，认识自己的权利和义务的意识。中学历史教学，应侧重于从以下三个方面引导学生领悟和建立国际意识。

国际意识应当是全人类基本认同、尊重、理解的道德标准。在人类的历史发展进程中，由于各国文明的起源和历史进程存在差异，不同的地区和国度会形成不同的道德标准和特有的行为准则。但是，在多元的标准之中，必然有一些共同的准则使人类和平相处、共同发展，诸如倡导和平、平等、发展、人道主义等等。对这些全人类共同的道德标准的认同、理解和尊重就是国际意识。相反，只为某一个国家或地区认同的道德标准则不是国际意识。在美苏争霸的时代，美苏两国为了维护自己的利益，充当"国际警察"，把越南、阿富汗等国推入战争深渊，他们所恃的道德标准就不会为国际社会所认同，也不可能受到全人类的尊重。

国际意识是一种对世界各民族都抱有的宽容心态。世界不同地区、不同民族、不同社会的发展，既不是划一的，也不是同步的。地理大发现以前分散的世界相对独立、封闭，决定了世界各国、各民族和各地区在语言、宗教、习俗、价值观等方面存在巨大差异。近代以来，由于历史的惯性作用，以往数千年从不同的自然地理条件和人文历史条件下产生的文化差异不可能在短期内消失。这种差异的存在，使世界变得多姿多彩。但也为人与人、国与国之间的宽容相处制造了障碍。人类有过太多不宽容的历史。11—13世纪欧洲基督徒们的"十字军东征"就是典型的事例。在300年的时间里，西欧的基督徒们凭借自己的信仰，组织强大的军队，向与基督教有过关联的东方伊斯兰国家和地区，前后发动过8次"十字军东征"，场景十分惨烈。但结果是以"十字军"的失败而告终，耶路撒冷城至今也没有纳入基督徒的"一统天下"。这种不宽容给人们带来的痛苦一直延续到现在。培养国际意识就是引导学生树立多元的文化观，尊重并理解各民族的历史文化和对社会制度的选择，用理性的眼光看待差异，用宽容的态度对待不同。

国际意识是一种对国际问题的强烈责任感。当今世界，全人类面临的共同问题比已往任何时候都更加凸现出来了。如人口膨胀、环境污染、资源枯竭、"南北"差距和地区性冲突加剧等等。这些问题的解决不是一两个国家所能胜任的，它需要世界各国人民的相互协作、共同努力。要解决全球问题，人们思维上的变革、观念上的更新是必不可少的。1972年，第一次世界性的环境问题会议——联合国环境会议的一份非正式报告即《只有一个地球》，指出"我们已经进入了人类进化的全球性阶段，每个人显然有两个国家，一个是自己的祖国，另一个是地球这颗行星"。世界秩序学会主席罗伯特·C·约翰逊呼吁要"以人类的利益 克服狭隘的国家利益"。在全球化趋势下，中学历史教学必须高度关注学生形成正确的国际意识，让学生具备积极参与世界活动、对国际问题有着强烈责任感的良好素质。

**为什么需要国际意识教育**

"历史教育在本质上，就是一种思想教育，是有关社会认识和历史认识观念的教育。"历史教育一定要让学生形成正确的、科学的历史意识，否则，就会失去真正的社会价值。

我国新一轮基础教育课程改革前所未有地突出强调了国际意识教育的问题。教育部2001年颁布的《全日制义务教育历史课程标准》指出，"通过历史课程的学习，学生步形成正确的国际意识，理解和尊重其他国家和民族所创造的文明成果"，"了解人类社会历史发展的多样性，理解和尊重世界各国、各地区、各民族的文化传统，学习汲取人类创造的优秀文明成果，逐步形成面向世界、面向未来的国际意识"。教育部2003年颁布的《普通高中课程方案》规定，"普通高中教育应全面落实《国务院关于基础教育改革与发展的决定》所确定的基础教育培养目标"，并特别强调使学生"理解文化的多样性，初步具有面向世界的开放意识"。教育部2003年颁布的《普通高中历史课程标准》（实验）要求，"通过历史学习，……了解中国和世界的发展大势，学会从不同角度认识历史发展中全局与局部的关系，辩证地认识历史与现实、中国与世界的内在联系"。

以中学历史教学为视角，国际意识教育，就是以"三个面向"为指导，运用辩证唯物主义和历史唯物主义的基本观点和方法，站在世界的高度，用发展的眼光引导学生了解东西方各国地理位置、经济优势、历史演变、著名人物、风土人情、文化艺术等等，对学生进行国际知识、国际形势、国际关系和国际正义感的教育，并通过这些教育拓宽学生的视野，为学生正确认识世界，善于借鉴和吸取世界各国的优秀文化成果打下良好的基础。

"结合人类历史的实践来进行世界意识的教育，来得自然，来得深刻。"历史学科对于进行国际意识教育有着得天独厚的条件。如新的高中历史课程标准和按"模块十专题"体例编写的高中历史新教科书，采用贯通古今、中外关联的历史知识专题编写体例，有利于引导学生从新世纪全球化的视角了解和认识历史。尤其是适当增加了世界历史知识，凸显了了解世界在我国基础历史课程中的作用，突出了全球历史进程中古代历史文明、近代历史转型、现代历史发展的经济全球化、政治多极化、文化思想多样化的轨迹。

中学历史教科书中所涉及的中国近现代史的知识内容也是进行国际意识教育的重要载体。中国近现代史是人类历史进程中的一个重要组成部分，在其发展轨迹中，也体现着人类的发展进程。中国现代化运动百年轨迹和近现代中国仁人志士的"世界视野"，就是两个非常明显的实例，也是两个非常有助于进行国际意识教育的历史专题。现代化作为一个世界历史进程，反映了人类社会从传统农业社会向现代工业社会所经历的巨变。作为世界现代化进程中的"后发型国家"，中国的"现代化并不是一个单项的历史过程，而是外部刺激与内部回应两者相结合的过程"。同时，先进的中国人对西方的认识经历了由"器物"到"制度"再到"文化"层面的不断升华的过程，并最终取得了民主革命的胜利。从某种意义上说，一部中国近现代历史就是中国人国际意识产生、发展的历史。

**探索国际意识教育**

改进历史教学方法进行国际意识教育在中学历史教学中，历史教师应该围绕三维目标，根据课程内容，针对学生的实际，不断改进教学方法，进行国际意识教育的教学设计。运用联系法和比较史学的方法能很好地对学生阐明中国与世界的关系，帮助学生理解历史知识的内在联系，把握历史知识的整体结构。例如学习中国近代的屈辱史可以联系资本主义的发展，如鸦片战争爆发的根本原因是英国资本主义的发展需要更多的原料产地与产品销售市场；19 世纪 70 年代以后，西方资本主义开始向帝国主义阶段过渡，列强加紧争夺市场、原料产地和殖民地，中国边疆出现"新危机"；19 世纪末 20 世纪初世界资本主义进入帝国主义阶段，列强争夺世界霸权、分割殖民地的斗争空前激烈，掀起了瓜分中国的狂潮；一次世界大战期间由于帝国主义国家忙于战争，中国民族资本主义得到一个短暂的发展机会；五四运动的爆发，巴黎和会中国外交的失败为导火线的；日本为了摆脱经济危机的困扰，发动了全面侵华战争；等等。总之，将中国历史置于世界历史的大背景中去考察，从世界的角度寻找原因，才能更深刻地理解中国与世界的关系。

同时，教师还可以运用联系和比较史学的方法，对中外历史事件、历史人物、历史现象进行纵向或横向的比较，找出它们的相同点和不同点，让学生汲取历史智慧和开阔视野。例如：对于列强侵华的影响问题，可与英国对印度殖民统治的影响进行比较。马克思"英国在印度要完成双重的使命：一个是破坏性的使命，另一个是建设性的使命"的著名论断，就适用于我们对整个殖民体系的剖析和把握。这类比较能够使学生把握历史规律，增强历史洞察力。

引导学生以科学的世界观学习历史。在中学历史教学中进行国际意识教育，要引导学生以科学的世界观来学习历史。中学政治课本中的许多理论观点可以用来作为分析、解决历史问题的理论依据。如哲学常识中的辩证唯物主义和历史唯物主义的基本观点，政治经济常识中关于商品、货币、市场等问题的论述，以及政治常识中有关政党政治、民族宗教方面的理论观点，在历史教学中都可以广泛运用。同样，任何一种正确的政治观点都可以从历史知识中找到验证，正确的政治观点是历史理性化的产物。要引导学生通过历史课程的学习，逐步认识到：历史是人类生活和奋斗的记录，世界的物质文明和精神文明是全人类共同创造的，人类进步的过程充满着不同国家、不同民族、不同地区之间的彼此消长和相互作用。用宽容、开放的心态去理解和尊重世界其他民族，确立民族的平等意识和共同发展的观念。

引导学生从中国与世界的差距中进行历史的反思。在中学历史教学中进行国际意识教育，还要注意引导学生从中国与世界的差距中进行历史的反思。

需要明确的是，国际意识作为一种情感态度和价值观，是学生意识的组成部分，是在了解史实的基础上一种看待问题的态度、心态，它不是一朝一夕就可以养成的，也不是教师的单向传授可以灌输的，需要教师在教学中利用一切可以利用的历史资源进行潜移默化和持之以恒的渗透。

# 要读懂要陪伴

## ——2020级高一学生家长会讲话

尊敬的家长朋友们：

上午好！

非常感谢您全家对我们池州一中的信任和选择！肩负你们的重托，我们深感责任重大，必须以最大的努力和担当，与您一同助力孩子度过辛苦而又充实、刻苦而又美好的高中生活，助力孩子历练成长，遇见最好的自己。

我们学校百余年来，克难攻坚，诚和立校，育人无数。校训，顾名思义是学校对师生的训诫和对办学抱负的表达。我们学校的校训为"居敬持志，成己成物"。指抱守着敬畏认真、专静纯一的态度和原则，坚持自己的远大志向和高尚目标，在不懈更新和提升自己的过程中，帮助和成就他人他物，追求人与人、人与物的和谐共生，造就新的良善的世界。

我们以"贵中立学，厚德日新"为主线（即8栋楼宇名字的首字连起来是"贵中立学，厚德日新"），结合其功能，对3栋教学楼、3栋实验楼和行政楼、体艺馆重新进行命名。3栋教学楼是贵恒楼、中和楼和立达楼。3栋实验楼为学行楼、厚行楼和德行楼，楼名的寓意都是教导师生学行结合，知行合一，以实际行动成己成物。体艺馆，日乾楼，立意出自《周易·乾》，"君子终日乾乾，夕惕若厉，无咎。"寓意是，全校师生进德修业，既要勤勉不懈，自强不息，又要警惕谨慎，自省自重。图书行政楼，新实楼，立意出自梁启超的"苟不自新，何以获存。为学当有实功，有实用"。寓意是，全校师生惟新惟实，练就真本领，追求卓。

2020年高考在突破中创佳绩。2020年8月20日，我校周丽老师和孔超老师在安徽省第五届中小学青年教师教学竞赛决赛中，分别荣获一等奖和三等奖，被授予"安徽省十佳青年教师"和"安徽省青年教育教学能手"荣誉称号；9月，吴成强老师被评选为2020年度安徽省新时代教书育人楷模。

2020级高一按招生计划共录取1052人，657分以下的262人（定向生257人，其中600分以下的7人；足球和科技特长生3人，防疫一线医务人员子女和降10%录取军人子女各1人），贵池区中考前25名全部填报我校，从根本上改变了以往中考尖子生大量流失的状况。首次通过自主招生并在池州市普通高中提前批次录取45名"钱学森班"学生，按自愿报名和中考成绩相结合首次组建文科试验班1个，中考成绩语数英理化5科达492分以上的组建理科实验班4个，平行班13个。为加强新生入学教育，德育处编印了《新生入学教育读本》。

家长朋友们，疫情尚未结束，低风险不等于没风险，加上秋冬又是呼吸道传染病高发季节，家长朋友不能放松警惕，要始终绷紧疫情防控这根弦，树立"健康第一"的意识，不断关注国内外疫情变化趋势，及时了解国家、省、市、县及学校对疫情防控工作的要求，配合学校和社区做好常态化疫情防控工作。孩子往往是最安全的，风险来自家庭成员。家长们要保持安全社交距离，不接触国内中高风险地区和境外返回未满隔离期限的人员。必要外出时，按要求做好个人防护措施。自己和孩子要按要求佩戴口罩，保持良好的卫生习惯，勤洗手、常通风。住校学生在每天离家前由家长进行体温检测，如体温超过37.3摄氏度时，不得入校，由家长带领学生到正规医院就诊。住宿学生每天在宿舍进行晨午晚三次体温检测。如体温超过37.3摄氏度时，通知家长带领学生到正规医院就诊。重要提示：如学生当天入校前出现肚子疼、头疼、咽喉疼等身体不适症状，要带领学生到正规医院就诊，并在家休养，待身体恢复正常后再返校。学校相关教师会将孩子落下的课程给补上，请家长放心。学生在上、下学途中尽量做到家庭、学校"两点一线"，避免不必要外出活动。

　　家长朋友们，孩子们已进入高中这个成长阶段。成长，是一个多么美好的字眼。成长，又是一个多么艰难的历程。成长，是人类永恒的课题。成长，又是富有一定时代性的。正处于成长关键期的孩子们，被称为"数字原住民"，他们从互联网上获取大量的知识和信息，逐步具有开阔的眼界和多元的价值观。同时，海量的网络信息和极度多元化的观点冲击甚至污染着孩子们的认知能力和自控能力，过度依赖网络的问题，以及由此引发的与父母的关系问题、学业问题、注意缺陷障碍、焦虑或抑郁等问题很突出。世卫组织发布的《全球青少年健康问题》报告显示，抑郁症已经成为青少年致病和致残的首要原因。所以，家长、学校、教师都要与时俱进，升级方法、途径和策略，努力"读懂"孩子，采用一些符合孩子年龄特点、个性特征，且易于被他们接受的方式方法，引领着孩子们成长为更好的自己，成长为德智体美劳全面发展的人，成长为担当民族复兴大任的时代新人。

　　读懂成长规律，伴随更好成长。春华秋实都有自身的规律。现代教育思想及体系的发展，已经科学而合理地总结出了孩子从出生、求学、直到成人各阶段的生理与心理特征。尊重规律，回归常识，保持一颗平常心，对于孩子的培养至关重要。孩子在成长中是否算得上所谓的成功，不能简单用功利思维来评价。在孩子的各个成长期，都需要遵循成长规律，培养孩子健康的身心和广阔的视野，帮助孩子找到自身定位，实现自身价值。

　　高中不同于初中，有更多的课程、更深的学习内容、更大的知识容量和更高的学习强度，综合性与系统性的复杂程度，对孩子的学习基础、学习能力、学习方法，特别是学习习惯、持之以恒的专注力、能经受挫折的耐性和意志力，以及充沛的体力，都会提出更高的要求。要让孩子们明白，在初中的基础上需要增加更多的现实色彩。因为面临着高考升学压力，尤其是还会面临着选科的抉择，面临着高考要学什么专业和未来的职业选择。三年磨一剑，三年备一考。引导孩子去思考"我的优势在哪儿""我的潜能有哪些""我要克服的缺点和改进的地方在哪里""如何对高考有一个清晰的认识""怎样去面对自己三年后的高考""如何对未来的人生有一个清晰的规划"等问题。一个对自己有更为清晰认识的人，往往会产生更为良好的自我思维，更能客观地看待问题，具有更为乐观的心态和更强烈的是非观。让孩子明白，进入高中，"人生与理想"更加赫然在列啦。理想是需要奋斗的，通过奋斗是可以实现的。

习近平总书记指出："无论时代如何变化，无论经济社会如何发展，对一个社会来说，家庭的生活依托都不可替代，家庭的社会功能都不可替代，家庭的文明作用都不可替代。"家庭的作用远远比学校重要得多，家庭教育是整个教育链中基础的基础，关键的关键。

借这个机会，与家长们分享、交流《上海教育》2020年"领航成长"特刊有关家庭教育与学校教育边界与区别的内容。家庭教育与学校最大的区别在于：（1）家庭教育是个别化的教育，针对孩子个别化的关注、指导和教育，主要由家长来完成；学校是面向全体学生的教育，提供的是一个公共的、普遍的教育，需按照统一的进度、统一的课程来进行，很难真正有效关注每一个孩子的差异；（2）家庭教育是终身性的教育，学校对孩子只是人生的一小段；（3）学校主要传授知识，家庭教育的任务主要是生活教育、人格教育和行为养成教育；（4）孩子与家长具有天然血缘关系，这是学校和老师无法替代的，父母的主体责任是责无旁贷、当仁不让的。当然，学校和家庭这两个"教育者"，要一致行动，提出同样的要求，而且要志同道合，抱着一致的信念，无论在教育的目的上、过程中还是手段上，都要尽可能交流达成共识、协调一致。我感受最深的是，家校日常要相互信任，问题要理性对待。

如果一个孩子，从家庭中获得了健全的人格，能够独立解决困难、自信面对挑战、自觉远离恶习、主动承担责任、热情投入生活、友好看待他人，成为一个不用父母操心、能为社会做出贡献、实现自己个人理想的人，就是成功的家庭教育。然而，家庭教育很重要却不容易做。

认识孩子，发现孩子。加德纳的"多元智能"理论告诉我们，人具有语言智能、数学逻辑智能、空间智能、身体运动智能、音乐智能、人际智能、自我认知智能和自然认知智能。每个孩子可能在某一个或几个智能上很强，在某一个或几个智能上较弱。孩子天生是有智能差异的。家长要理性认识到，在一个群体中，成绩也一定会有从高到低的排序。进步即质量。

好的家庭教育离不开一个关键词——陪伴。美国作家莎莉·路易斯在《唤醒孩子的才华》中说，有人研究哪些因素促使孩子在学习能力倾向测试上得高分，结果发现，智商、社会条件、经济地位等因素都不及一个微妙的因素重要，那就是，得高分的孩子都经常与父母一起吃晚饭。在父母对子女高质量的陪伴中，可以做好榜样，可以表达爱意，这些都是生活中的教育。

家庭教育与其说是"教育"，不如说是"生活"，是如涓涓细流的无数微不足道的小事对孩子产生潜移默化的影响。家庭教育如盐糖，溶于生活这缸水，无影无踪，却实实在在产生影响。所以，千万不要以为只有有目的地与孩子谈话才是教育孩子，父母生活中的一言一行、一举一动，包括和别人的交往方式，都被孩子看在眼里、记在心里。

强健的身体是幸福家庭的基础。身体健康不仅是有一个强健的身体，还包括性格开朗、阳光心态、与人为善的性格等，离不开丰富多样的体育运动和户外活动。很多同学为了赶学习，常把运动时间也节省下来"专注"于功课，但是可能坐下来不久就开始烦躁不安，虽然身体安在，但心神早飞，效率极低。这是错误地认为安静下来不动就是专注。实际上，只有将身体里积蓄的能量释放出来，才可能安静得下来。多运动可促进血液循环，能将身体四成的能量都释放出来。所以，要明白唯有"动得够"，才"静得下"。现代医学研究发现，人在运动状态下会分泌一种叫"内啡肽"的物质，它能让人感到欢愉和满足，甚至可以帮助人排遣压力和不快。因此，孩子养成每日运动的习惯，将极大地有利于内啡肽的分泌，激发孩子的愉悦感和学习热情，当孩子找到了积极循环的感觉，并巩固住了这种感觉，学习也会形成良性的循环。在压力重的时候，没有什么比在运动场上大汗淋漓一场更令人愉悦、放松的了。作为父母，训练孩子性格和身体这件事最好不要完全指望学校。因为，学校教育总是重视学生的知识学习多些，站在"知识本位"。家庭教育就必须站在"性格–身体本位"这边，更加重视孩子的性格和身体。

孩子到了高中阶段，意味着孩子来到了青年期。这个阶段，除了体力、心理、性的成熟之外，还是孩子建立高级感情活动的阶段。我们需要让孩子认识到自己的成长始终是与国家与民族的命运紧紧联系在一起的，要让孩子学习担当和负责任，立己达人，成己成物，爱国爱家。

　　当然，高考没有捷径，由于学习压力大，精神疾病也开始冒头，需要警觉异常的心理问题。我们学校从这届高一年级开始，将心理健康教育课排进了课程表，落实了日常上课。在高中阶段，考试是家常便饭，考得好皆大欢喜，考得不好压力山大。当孩子面临压力陷入"我是个失败者""我做什么都很糟糕"时，我们要暂时搁置对孩子的高期待，引导孩子不要反复思考和关注压力事件的原因、结果和影响，避免陷入反刍思维，帮助孩子从消极情绪中转移出来，做好情绪调节和自我评估。同时，反思自己在面对孩子压力现状时产生的非理性想法，避免自己成为孩子的压力源之一。

　　家长朋友们，我们因孩子而结缘，我们为孩子"长大成人""学习成才"而共同担当。我相信，在我们携手同行中，孩子们来的时候是个人物，毕业离开时，一定会更是个人物。

# 附录

### 发掘教育的无限美好

教育本身就是一项充满无限可能的事业，可能性总是无限美好，很庆幸我能参与到发掘这些美好的事业之中。

——汪炜杰

小档案：

汪炜杰，安徽省池州市第十一中学校长、党总支书记，教育硕士，正高级教师，安徽省特级教师。安徽师范大学硕士生导师，安徽省首批中小学优秀校长工作室首席负责人，池州市教育学会副会长。池州市第四次党代会代表，池州市政协第四届委员会委员。

"幸运成长在百年老校，惭愧办学乏善可陈。一直用心用功实践着教育的初心，意愿强烈，功底浅薄，能耐不足。一如池州小城的日子，平淡、平常，却又总在向外张望、向上拔节。小小丘壑，也有万里河山的梦想。我希望孩子们拥有向善的品格、向上的韧性。"初见安徽省池州市第十一中学校长汪炜杰，人们常被他温文尔雅的文人气质所打动。

靠行动去带领人，靠品行去影响人，是人们对汪炜杰最多的评价。从1994年至今，汪炜杰已在教育领域坚守了25年，从历史教师、高中班主任到校团委书记、教务处副主任、办公室主任、校长，各种教育角色的扮演让他对教育事业的认识愈加深刻，对教育的热爱也愈发浓郁。"教育本身就是一项充满无限可能的事业，可能性总是无限美好，很庆幸我能参与到发掘这些美好的事业之中。"汪炜杰说。

## 坚持培养学生综合素质

2006 年，汪炜杰任池州市第十一中学（下文简称"十一中"）校长。治校伊始，他便提出了"向善向上，适性成长"的办学理念，培养学生的综合素质。

"十一中课程齐，活动多，作业负担相对轻，孩子学习后劲大"，是当地人对池州十一中的一致评价。

在汪炜杰的带领下，学校的十一创新社、旋风足球队、天琴音乐社、樟树下动漫社、灵动舞蹈队、绳彩飞扬社和薪火篮球社等学生社团活动风风火火地开展起来。学校每年举办的文体节、元旦游艺活动和秋季体育趣味运动会已成为学校的特色项目活动。除此之外，学校每个年级都拥有自己的特色活动，如七年级的广播操比赛和跳绳比赛，八年级的"校长杯"校园足球赛、汉字听写大赛、英文歌曲大赛和物理知识竞赛，九年级的篮球赛等。

"综合素质的养成从来都不是一句空话，落实到我们日常工作中，就是要把国家规定的校本课程开齐、开足、开好。与此同时，把各种各样的学生社团办好，取得实效，做出品牌影响力，让孩子们在其中真正获得快乐，探索到自己的无限种可能。"汪炜杰说。

事业伊始，却不乏阻力。汪炜杰坦言，在此之前，学校多多少少存在中考课程占用其他非考试课程的现象。对此，他力排众议，将排查课时占用现象纳入教学检查长效机制。"国家规定的课程时间是经过科学验证的，按照正常教学流程，教师一定能在规定时间内完成自己的教学计划。"汪炜杰反对额外增加课程时间，一来挤压其他课程增加学生负担，二来也必然会降低教师的课堂效率。在汪炜杰看来，素质教育培养的阻力大多来源于人们对于学习和放松的狭窄认知，看似矛盾的两者其实彼此促进。

"孩子们要中考，开这么多校本课程，还能把成绩搞上去吗？"当初不少家长提出了这样的疑问。汪炜杰用实际行动证明了两者的可调和性。

如今，十一中的办学质量在全市遥遥领先，同时，学校的社团培养也节节开花。学生朱玫玥的"护花使者——基于物联网运用植物生长远程看护系统"获安徽省青少年科技创新大赛一等奖，叶佳恒的"泥石流预警系统"在第 31 届全国青少年科技创新大赛中获"创意之星奖"。"旋风"足球队的孩子们在池州市校园足球初中组联赛开赛的五年中勇夺四次冠军，绳彩飞扬社的孩子们在全市第三届中小学生跳绳比赛中包揽初中组所有项目的冠军。

### 成为教师成长的铺路人

从普通教师成长起来的汪炜杰至今都未离开一线教学岗位。"教师是毕生的职业"，在汪炜杰看来，一线的教学经历能够为他治校专业能力的提升提供持续稳定的营养补给，也更能让他懂得站在教师的角度思考问题，做教师成长的铺路人。

这一点，学校数学教师操斌感触颇深。在他的特级教师评审之路上，从提醒课题申报开始，到最后材料的准备，甚至细化到如何封装封面，汪炜杰一路扶持。"整个评审过程非常顺利，汪校长的指点干货满满，让我少走了不少弯路。"操斌说。

"我们理解老师评职称的不容易，因此学校领导层会最大可能地从学校的制度上向职称评定的教师倾斜，我个人也会尽最大的努力帮助教师达成目标。"身为校长的汪炜杰曾多次在市级会议上提倡要建立教师表彰的长效机制，"目的就是为我们的教师多增加一些机会"，他说。

目前，学校已形成一套教师培训机制，每学年组织一次青年教师教学评比展示活动，邀请有关专家、领导来学校进行评课指导。每学年举办一次"池州十一中教师高峰论坛"，为优秀骨干教师搭建舞台，营造激励氛围。要求 45 岁以下中青年骨干教师每学年必须开一堂高质量的示范课、作一次专题发言、写一篇论文或取得一项科研成果，对有一定影响力的科研论文、发表著作、学术研讨给予奖励。加强科研与教学的整合，实现教师由经验型向科研型转变。引进竞争激励机制，鼓励冒尖，使骨干教师实现业绩认同。

身为特级教师的汪炜杰，总是善用身边的教学案例与教师交流分享。"听汪校长开会，很带劲。"崇尚务实精神的汪炜杰很少在会议上讲空话、搞形式主义。他在全校教师大会上的发言让学校教师刘霞印象深刻，"学生反映作业多，关键是教师要对习题集上的作业进行二次消化，要制定出符合班级学生实际情况的作业，而不能一味地拿来，这样的'拿来主义'只能让我们的学生浪费大量的时间，做无用功。"汪炜杰总是能非常敏锐地把握住最关键的问题，并且提出可操性极强的建议。

"校长的发展是前提，老师的成长才是根本。我们希望让更多的青年教师成长为优秀教师，甚至是教学带头人。"为此，学校专门出台"教师专业发展规划方案"，希望扶持一批 36 岁至 55 岁的高级教师，向特级教师和正高级教师进军。到 2021 年，力争在现有基础上再增加 1 至 2 名特级教师或正高级教师，激励 36 岁至 55 岁的高级教师勤于教研出成果。

### 打造校长团队促区域提升

2018 年 4 月，汪炜杰被遴选为教育部"校长国培计划"——卓越校长领航工程第二期中小学名校长领航班学员。同年 12 月，国家级名校长工作室"汪炜杰校长工作室"在十一中正式挂牌成立，工作室有 8 名来自池州其他中学的校长。池州市教体局工委书记、局长胡学慧对记者说："希望依托校长工作室这一平台，带动区域中学教育的整体提升。"

"我们 9 个人有一个微信群，经常在一起讨论问题、分享收获。"每次外出到其他地方的学校考察，汪炜杰总是会提前在微信群告知一声，并鼓励大家一同前往。"外出学习很长见识，希望大家能和我一起分享这些难能可贵的机会。"汪炜杰说。

对青阳县朱备学校校长郑庆祝来说，在他的校长之路上，工作室为他打开了一扇新的大门。

今年3月，他和汪炜杰一起参加了天津市南开区中营小学的诊断调研活动。"不出去不知道，出去之后才能在其他学校的优秀经验中发现自己的问题。"此番出访，让郑庆祝感触颇深，尤其是中营小学的"导学教育"课程给他留下了深刻的印象。归来之后，他开始逐步规范学校的课程改革，"他山之石可以攻玉，在工作室的平台上真的有太多的宝贵收获"。郑庆祝对学校未来的课程改革之路愈发坚定。

"我们的工作室有一句名言：不要走在我后面，因为我可能不会引路；不要走在我前面，因为我可能不会跟随；请走在我身边，做我的朋友。"从教25年来，汪炜杰先后获"安徽省优秀共青团干部""池州市优秀教育工作者""池州市十佳师德标兵""安徽省特级教师"和"池州市拔尖人才"等荣誉称号。而他希望，发挥校长工作室平台的最大功效，借力使力，有更多的校长与他同行，共同成长。

"我们倡导成员深度学习教育理论并互相分享所得，致力于行动研究中解决真实的教育问题，持续推动每一所学校聚焦于内涵发展，追求在可见的未来形成区域内有特色、可辐射、能引领的校长专业发展平台。"任重道远，汪炜杰依旧坚信。

作者：记者 方梦宇
《中国教育报》2019年05月29日第6版 版名：校长周刊·人物